Werner Melzer

Bienenhaltung

Der praktische Ratgeber für den Imker-Neuling
Anschaffung, Pflege, Zucht und Honiggewinnung
Sonderteil: Arbeitsplan durchs Bienenjahr

Mit Farbfotos bekannter Tier- und Naturfotografen
sowie Zeichnungen von Walter Berghoff

Gräfe und Unzer

Die Farbfotos auf dem Buchumschlag zeigen:
Umschlagvorderseite: Entnahme der mit Honig gefüllten Waben zur Schleuderung.
Umschlagseite 2: Ein Bienenschwarm mit etwa 25 000 (das sind 2,5 kg) Bienen.
Umschlagseite 3: Entdeckelte Waben im Wabenkarussell, das in Großimkereien benutzt wird.
Umschlagrückseite oben links: Biene auf Salbeiblüte. Oben rechts: Honiggefüllte Waben.
Unten links: Gezeichnete Königin mit Hofstaat; die Königin befestigt am Zellboden ein Ei. Unten rechts: Biene mit Pollenhöschen an Weidenblüte.

Die Fotografen:
König: U4 o. r.; Melzer: Seite 18, 56 o., u. r.; Müller: Seite 37 u. l.; Pfletschinger: Seite 28 o. r., o. l., u. r., 55 o. l., u. r., U3, U4 u. l.; Reupert: Seite 27 u.; Schrempp: Seite 55 o. r.; Staufer: Seite 17; Waltenberger: U1, U2, Seite 27 o., 28 u. r.; 38, 55 u. l., 56 u. l.; U4 o. l., u. r.; Wittekindt: Seite 37 o., u. r.

CIP-Kurztitelaufnahme der Deutschen Bibliothek

Melzer, Werner:
Bienenhaltung: d. prakt. Ratgeber für d. Imker-Neuling; Anschaffung, Pflege, Zucht u. Honiggewinnung; Sonderteil: Arbeitsplan durchs Bienenjahr / Werner Melzer. Mit Farbfotos bekannter Tier- u. Naturfotografen sowie Zeichn. von Walter Berghoff. – 1. Aufl. – München: Gräfe und Unzer, 1986.

ISBN 3-7742-3640-2

1. Auflage 1986

Redaktionsleitung: Hans Scherz
Lektorat: Doris Schimmelpfennig-Funke, Sieglinde Reichhardt
Herstellung: Helmut Giersberg
Umschlaggestaltung: Heinz Kraxenberger

Satz und Druck des Textteils: Druckerei Wagner GmbH
Reproduktion und Druck der Farbbilder und des Umschlags: Graphische Anstalt E. Wartelsteiner
Bindung: Großbuchbinderei R. Oldenbourg

ISBN 3-7742-3640-2

Hinweis und Warnung
Dieses Buch richtet sich an den Anfänger in der Bienenhaltung, den im richtigen Umgang mit Bienen noch Ungeübten. Jeder Imker-Neuling sollte sich, bevor er mit der Bienenhaltung beginnt, bei einem erfahrenen Imker mit der Praxis hinreichend vertraut machen und überdies Mitglied werden beim Deutschen Imkerbund.
Wer Imker werden möchte, sollte sich vorsorglich bei einem Allergologen untersuchen lassen – nur mit Hilfe von Tests läßt sich feststellen, ob eine Allergie gegen Bienenstiche und/oder Bienen vorliegt. Die ärztliche Beurteilung ist für das weitere Vorgehen entscheidend.
Im Umgang mit Bienen ist das Tragen von bienendichter Kleidung ebenso unerläßlich wie das richtige Verhalten am Bienenstock.
In diesem Ratgeber wird die Haltung der sanftmütigen Bienenrasse Apis mellifica Carnica empfohlen. Bienenstiche lassen sich jedoch nicht generell verhindern. Jeder Anfänger in der Bienenhaltung muß sich eigenverantwortlich darüber informieren, wie er sich nach einem Stich zu verhalten hat – die zu diesem Punkt gemachten Ausführungen des Autors sind als Empfehlungen zu verstehen.
Bei Bienenstichen in Mund und Rachen, Auftreten von Schwindel und Erbrechen nach einem Stich, bei einem Kollaps nach Massenstichen muß sofort der Arzt gerufen oder ein Krankenhaus aufgesucht werden!

Meiner Familie, die mich mit Begeisterung und Freude bei der Imkerei unterstützt, vor allem meiner Frau, möchte ich dieses Buch widmen.

Werner Melzer
Jahrgang 1927. Von 1965 bis 1983 Geschäftsführer des Deutschen Imkerbundes, Aufbau und Leitung der Bundesgeschäftstelle, Bonn. Generalsekretär, dann Vorstandsmitglied des DNR (Deutscher Naturschutzring) in Bonn; Mitstifter, bis 1985 Geschäftsführendes Vorstandsmitglied der Stiftung »Zum Schutz gefährdeter Pflanzen«. Seit über 30 Jahren Experte für Bienenzucht und -haltung. Inhaber eines imkerlichen Lehrbetriebes mit DLG-(Deutsche Landwirtschaftsgesellschaft)-Anerkennung; Schwerpunkt seiner Arbeit: Königinnenzucht.

Inhalt

Ein Wort zuvor

Wer Bienen hält, leistet einen wichtigen Beitrag zum Naturschutz – viele Pflanzen nämlich sind bei der Bestäubung auf Bienen angewiesen. Sorge um die Erhaltung der Natur ist aber sicher nicht der einzige Grund dafür, daß immer mehr Menschen sich mit der Imkerei befassen. Bienenhaltung ist ein aufregend schönes Hobby, bei dem der Mensch – will er zum Erfolg kommen – sich auf die Lebenszyklen des Bienenvolks und damit auf den Wechsel der Jahreszeiten einstellen muß.
Bienenhaltung hat eine lange Tradition: Wohl schon in der Bronzezeit haben Menschen die Produkte wildlebender Bienen genutzt. Auch der Imker des Mittelalters, der Zeidler, betreute wildlebende Bienenvölker in hohlen Baumstämmen. Er war ein wichtiger Mann, weil er für Licht (Bienenwachs) und Süßstoff (Honig) zu sorgen hatte. Seinem Landesfürsten direkt unterstellt, durfte er sogar eine Armbrust tragen, um sich honigsuchender Bären erwehren zu können. Bald holten Zeidler hohle Baumstämme samt Bienenvölkern in die Nähe ihrer Wohnorte – das war der Beginn der Bienenhaltung.
Dieser Ratgeber wendet sich vor allem an den Imker-Neuling, den Anfänger in der Bienenhaltung. Um ihn Schritt für Schritt mit der Imkerei und den vielen im Verlauf eines Bienenjahres notwendigen Maßnahmen vertraut zu machen, mußte ich eine vereinfachte Form der Darstellung wählen – weshalb manche Erläuterung erfahrenen Imkern ungewohnt erscheinen mag.
Als erstes gibt eine *Kleine Bienenkunde* Einblick in das Bienenleben, in den Ablauf der vielfältigen Vorgänge im Stock, auf die der Imker sich mit seiner Arbeit einstellen muß. Danach lernt der Anfänger die *Voraussetzungen für die Bienenhaltung* genau kennen; nur wenn er sie erfüllen kann, wird er als Imker erfolgreich sein. Über Auswahl und Anschaffung der richtigen *Bienenkästen* und des notwendigen *Gerätes* informiere ich anschließend und gebe Ratschläge für Kauf, Transport und Aufstellung der *Bienenvölker*.
Richtige *Haltung und Pflege* (Seite 24 bis 45) mit allen notwendigen Maßnahmen – das ist wohl das Wichtigste bei der Imkerei. Denn wer seine Bienenvölker nicht gewissenhaft betreut, wird immer wieder Rückschläge erleben. Ich habe versucht, die Betriebsweise sowohl mit Magazinbeuten als auch mit Blätterstock sowie alle Arbeiten mit Honig – von der Entnahme über die Schleuderung bis zur Lagerung – verständlich zu erklären. Und da man bei der Imkerei vieles selbst herstellen oder reparieren muß – wozu handwerkliches Geschick sehr nützlich ist –, habe ich für diese Arbeiten auch praktische Anleitungen gegeben. Der *Arbeitsplan durchs Bienenjahr* (Seite 46 bis 52), in dem alle in jedem Monat anfallenden Arbeiten zusammengestellt sind, sollte für jeden Imker, vor allem aber für den Anfänger, Leitfaden und Kontrolle zugleich sein.
Auch über die *Produkte aus dem Bienenstock* und mögliche *Krankheiten, Schädlinge und Gefahren* – Bienen- und Brutkrankheiten, Schäden durch Insekten- und Unkrautvernichtungsmittel – erfährt der Imker-Neuling alles Wissenswerte. Und damit er mit den Fachbegriffen schnell umzugehen lernt, enthält der Ratgeber auch ein *Kleines Lexikon der Fachbegriffe.* Im Anhang sind die *Adressen* aller Imkervereinigungen und Bienenwissenschaftlichen Institute angegeben sowie *Bücher, die weiterhelfen*.
Die instruktiven Zeichnungen und Farbfotos des Buches können dem Unerfahrenen helfen, die Vorgänge im Bienenstaat und die Arbeiten am Volk verstehen zu lernen. Für die Zeichnungen danke ich Herrn Walter Berghoff, für die Farbfotos allen Fotografen, im besonderen Herrn Donat Waltenberger.

Werner Melzer

Kleine Bienenkunde

Arbeitsteilung im Bienenstaat

Bienen sind staatenbildende Insekten, als einzelne Lebewesen könnten sie nicht existieren. Ein Bienenvolk (Bienenstaat) besteht in den Sommermonaten aus einer Königin, 50 000 bis 70 000 Arbeiterinnen (Arbeitsbienen) und bis zu 2000 Drohnen (männlichen Bienenwesen).

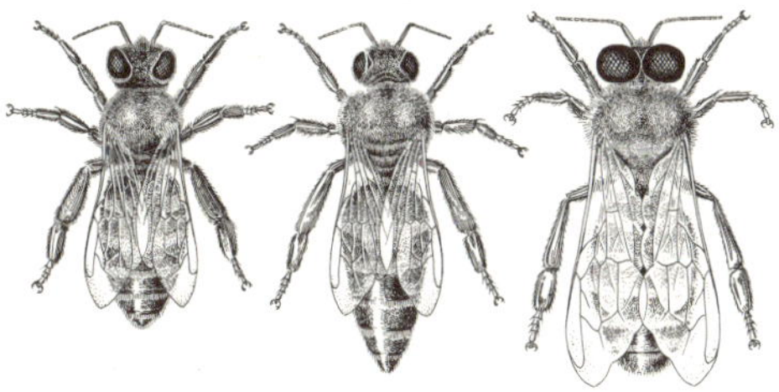

Die drei Bienenwesen – Arbeiterin, Königin, Drohn – im Größenvergleich. Deutlich zu erkennen ist der dreigeteilte Körper (Kopf, Brustkorb, Hinterleib). Am Brustkorb befinden sich drei Beinpaare, versehen mit Kämmen und Bürsten, mit denen die Arbeiterin Blütenstaub aus dem Haarkleid bürstet. Auch die beiden Flügelpaare befinden sich am Brustkorb.

Es herrscht Arbeitsteilung; die drei Bienenwesen sind spezialisiert auf die Erfüllung bestimmter Aufgaben:
Die Königin, auch Weisel genannt, ist das einzige weibliche Wesen im Volk, das voll entwikkelte Eierstöcke (Ovarien) besitzt. In den Monaten März bis Oktober legt sie täglich 1000 bis 2000 Eier, in Ausnahmefällen auch bis zu 3000, was dem Doppelten ihres Eigengewichtes entspricht. Sie produziert in einer Kopfdrüse (Mandibeldrüse) das Hormon Pheromon (Königinnensubstanz), das Pflegebienen aufnehmen, die als Hofstaat die Königin umgeben. Das Hormon wird durch Weitergabe an alle Bienen im Volk verteilt. Es fördert oder hemmt Triebe und nimmt dadurch wesentlichen Einfluß auf die Harmonie im Volk.
In der ersten Hälfte ihres nur etwa vierzig Tage währenden Lebens pflegen die Arbeiterinnen den Nachwuchs (Brut, → Seite 6), werden also Ammenbienen, bauen als Baubienen Waben, füttern Königin und Drohnen, die sich nicht selbst ernähren können, und versehen am Flugloch Wächterdienste (→ Seite 11). Bienen, die diese Arbeiten im Stock oder davor verrichten, nennt man Stockbienen. Vom zwanzigsten Lebenstag an verlassen die Arbeiterinnen den Stock, um Nektar oder Honigtau und Pollen zu sammeln (→ Seite 8), sie werden Flug- oder Sammelbienen.
Die Aufgabe der Drohnen ist es, Jungköniginnen zu begatten (→ Seite 7). Außerdem hilft ihre Anwesenheit, im Bienenstock die für die Entwicklung der Brut notwendige Temperatur von 35 °C aufrechtzuerhalten.

Der Wabenbau

Bienen leben auf Waben, in denen sie ihre Brut aufziehen und ihre Nahrung aufbewahren. Der Imker hängt oder stellt in den Bienenstock rechteckige Holzrahmen, in die jeweils eine dünne Wachsplatte (Mittelwand) eingelötet ist (→ Seite 24). Sobald die Stockbienen zehn Tage alt sind, besetzen sie als Baubienen die Mittelwand und schwitzen Wachs: Am Bauch zwischen den Segmenten des Unterleibs treten Wachsplättchen aus, die mit den Mundwerkzeugen geknetet und dann zum Zellenbau verwendet werden.
Auf beiden Seiten der Mittelwände sind kleine, sechseckige Erhebungen angebracht, die den Bienen den Wabenbau erleichtern. Es entstehen auf beiden Seiten der Mittelwand leicht schräg nach oben verlaufende Zellen (Durchmesser: 5,37 mm), die der Heranzucht von Arbeiterinnen und der Speicherung von Honig

und Blütenstaub (Pollen) dienen. Auch ohne die vorgegebenen Waben-Grundrisse auf der Mittelwand würden die Bienen die Zellen so regelmäßig und in gleicher Größe bauen; durch die Vorgaben aber wird der Wabenbau beschleunigt, gleichzeitig sind die Bienen gezwungen, auf den Mittelwänden nur Arbeiterinnenzellen herzustellen. – Denn – und das ist für den Imker natürlich von Bedeutung – je mehr Arbeiterinnen in einem Volk vorhanden sind, desto größer wird die Honigausbeute. Um sich vermehren zu können (→ unten), müssen die Bienen aber auch Drohnenzellen bauen und Königinnenzellen (Weiselzellen) »anblasen« – so lautet der imkerliche Fachausdruck für den Bau von Weiselzellen (auch Weiselnäpfchen genannt).
Drohnenzellen (Drohnenbau) dienen der Aufzucht von männlichen Bienenwesen, aber auch der Honigspeicherung. Weiselzellen (20 bis 30 mm lange Zellen in Form von Eicheln oder dicken, kurzen Eiszapfen, → Foto Seite 38) werden ausschließlich für die Aufzucht junger Königinnen angeblasen. Nach einmaliger Benutzung als Brutzellen werden sie von den Bienen abgetragen und aus dem Bienenstock transportiert. Arbeiterinnen- und Drohnenzellen aber werden mehrmals für die Aufzucht von Arbeitsbienen und Drohnen benutzt.

Fortpflanzung

Die Königin legt sowohl befruchtete Eier (Stifte), aus denen Arbeiterinnen oder Königinnen entstehen, als auch unbefruchtete, aus denen sich Drohnen entwickeln. Der Imker sagt, die Königin »bestiftet« die Zellen.
Aus den Eiern schlüpfen nach drei Tagen Maden (Rundmaden), die eingerollt in ihren Zellen liegen (→ Foto Seite 38). Bei jungen Stockbienen entwickeln sich im Kopf Nährdrüsen, mit deren Ausscheidungen, dem (Futtersaft), die Maden gefüttert werden. Für die Erzeugung des Futtersaftes ist Wasser notwendig, das die Sammelbienen in ihrer Honigblase zum Stock transportieren und dort an die Ammenbienen abgeben.
Die Maden der Drohnen und Arbeiterinnen werden nur dreieinhalb Tage lang mit dem Futtersaft ernährt, danach erhalten sie eine Mischung aus Honig und Pollen (→ Seite 8). Die Königin-Made wird ausschließlich mit Futtersaft ernährt, der deswegen auch Königinnenfuttersaft heißt.
Es gibt im Bienenstock eine Brutordnung, die den Bienen bei der Pflege des Nachwuchses ein rationelles Arbeiten ermöglicht: Nicht die ganze Wabe wird bestiftet, sondern am oberen Wabenrand bleiben zwei bis fünf Zentimeter frei für einen Honig- und Pollenkranz, der dort von den Bienen angelegt wird. So haben die Ammenbienen zwischen Nahrungsvorrat und Maden nur kurze Strecken zurückzulegen.
Sobald die Maden fünf Tage alt sind, strecken sie sich, ihre Zellen werden von den Ammenbienen mit Wachsdeckelchen verschlossen. Die Maden verwandeln sich in Nymphen, die sich verpuppen und zu fertigen Insekten heranreifen. Die Entwicklung vom Ei zur Arbeitsbiene dauert 21 Tage, eine Königin hat eine Entwicklungszeit von 16 bis 17, ein Drohn von 23 bis 24 Tagen.
Wichtige Voraussetzung für das Brüten ist eine konstante Stocktemperatur von 35 °C. Herrscht außerhalb des Bienenstocks eine niedrigere Temperatur, erzeugen die wechselwarmen Bienen die fehlende Wärme durch vermehrte Aufnahme von Honig und Umsetzung der darin enthaltenen Kohlenhydrate in Körperwärme. Bei hohen Außentemperaturen transportieren die Bienen durch Fächeln (Ventilieren) die Warmluft durch das Flugloch nach draußen.
Sofort nach dem Schlüpfen beginnt die Arbeiterin, Zellen zu reinigen. Ihre weiteren Aufgaben im Laufe ihres Lebens: Sie füttert einige Tage

lang Altmaden mit Honig und Pollen, danach Jungmaden mit Futtersaft (→ Foto Seite 38), wozu sich bei ihr vom dritten Lebenstag an Futtersaftdrüsen entwickeln. Dann muß sie Nektar von Flugbienen abnehmen, den Stock putzen, beim Wabenbau mithelfen und den Wachdienst am Flugloch versehen. Vom zwanzigsten Lebenstag an bis zu ihrem Tod (nach etwa vierzig Lebenstagen) sammelt die Biene Honig und Nektar. (→ Zeichnung »Entwicklung und Aufgaben einer Arbeiterin«, Seite 12.)

a Gehirn (oberes Schlundganglion)
b Kopfspeicheldrüse
c und d Kopftraube und Brustpakete der Hinterkieferdrüse
e Rückenschuppe
f Mitteldarm
g Herzschlauch
h Eierstöcke
i Dünndarm
j Duftdrüse
k Enddarm
l After
m Fühler
n Schlund
o Mandibulardrüse
p Mandibeln (Zange)
q Mund
r Zunge (Rüssel)
s Gehirn (unteres Schlundganglion)
t Bauchmark (Nerv)
u Herzspirale (neunwindig)
v Honigblase
w Ventiltrichter
x Ventilschlauch
y Wachsdrüse
z Stachel

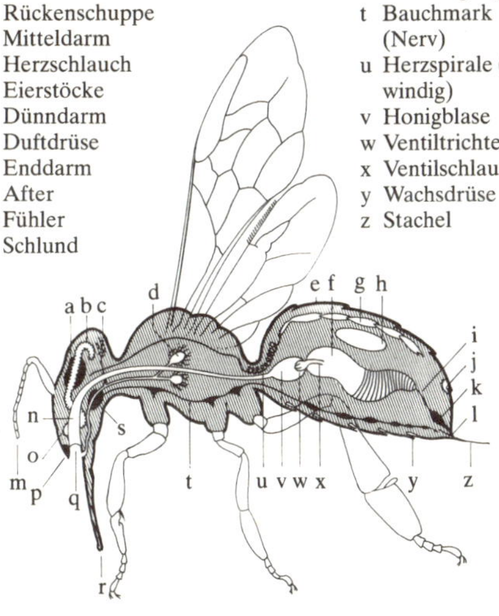

Längsschnitt einer Biene (nach Jordan). Die Biene hat einen dreigeteilten Körper (Kopf, Brustkorb, Hinterleib) mit einem Außenskelett aus Chitin. Am Brustkorb befinden sich drei Beinpaare und zwei Flügelpaare. Die Biene atmet über Tracheen (Atmungslöcher im Brustkorb).

Diese vielfältigen Aufgaben einer Arbeiterin sind in der Regel altersgebunden, doch kann es vorkommen, daß Flugbienen für Ammendienste einspringen, wenn zu wenig Stockbienen vorhanden sind. Dazu entwickeln sich die Futtersaftdrüsen wieder, die bei Flugbienen, nachdem sie ihre Ammendienste abgeleistet haben, normalerweise zurückgebildet sind.
Sobald alle Waben im Bienenstock mit Brut und Honig oder Pollen gefüllt sind, die Königin also keinen Platz mehr hat, die Waben zu bestiften, erfolgt bei den Arbeiterinnen ein Futtersaftstau, der den Schwarmtrieb auslöst. Weiselzellen werden angeblasen und bestiftet.
Um das Schwärmen zu verhindern, muß der Imker Schwarmverhinderungsmaßnahmen durchführen (→ Seite 26). Unternimmt er nichts, dann verläßt die Königin mit etwa einem Drittel der Arbeiterinnen den Stock (Vorschwarm). Die Bienen hängen sich als Schwarmtraube – die Königin in ihrer Mitte – meist an einen Ast. Fängt der Imker den Schwarm nicht ein (→ Seite 31), suchen sich die Bienen eine neue Behausung in einem hohlen Baum, einem Erdloch oder einer Felsspalte – und sind damit für den Imker verloren. Sieben Tage nach dem Vorschwarm zieht fast die Hälfte des Restvolkes mit (einer oder) mehreren jungen Königinnen aus dem Stock aus (Nachschwarm). Im Altvolk verbleiben die Brut, junge Ammenbienen und einige Jungköniginnen, die sich gegenseitig abstechen, bis eine übrigbleibt. Mit fünf Tagen ist die Jungkönigin geschlechtsreif und fliegt zum Begattungsflug (Hochzeitsflug) aus.
Der Drohnenflug beginnt am frühen Nachmittag, in der Regel zwischen 14 und 15 Uhr. Die geschlechtsreifen Drohnen fliegen in der Nähe des Standortes der Bienenvölker oder versammeln sich an Drohnensammelplätzen (klimatisch günstig gelegene, von den Drohnen gewählte Plätze zwischen fünf und zwölf Metern über dem Boden).

Die Paarung erfolgt in der Luft: Der Begattungsschlauch des Drohns stülpt sich nach außen und dringt in die Scheidenöffnung der Königin ein. Der Samen (Spermien) ergießt sich in die Eileiter und wird von der Königin in die Samenblase umgepumpt. Nach der Kopulation stirbt der Drohn. Die Königin wird während ihrer fünf bis sechs Wochen dauernden Geschlechtsreife von fünf bis acht Drohnen begattet. In der Samenblase speichert sie viele Millionen Samenfäden, die für ihr ganzes Leben ausreichen.
Manchmal wird die Altkönigin in einem Bienenvolk durch eine neue ersetzt, ohne daß das Volk schwärmt. Die alte Königin stirbt oder sie wird von der Jungkönigin oder von den Bienen getötet. Diesen für den Imker vorteilhaften, weil nicht mit Arbeit verbundenen Vorgang nennt man »stille Umweiselung«.
Ist die junge Königin begattet und hat ein schönes Brutnest angelegt, werden die vorhandenen Drohnen nicht mehr gebraucht, sie sind unnütze Fresser. Arbeiterinnen drängen sie aus dem Stock oder stechen sie ab (Drohnenschlacht).
Arbeiterinnen, die von August an schlüpfen, überwintern und sterben erst im nächsten Frühjahr. Von November an stellen die Bienen das Brutgeschäft ein und ziehen sich zu einer Kugel (Wintertraube) um die Königin zusammen. Sie nehmen das im Herbst eingetragene, in den Waben konservierte Winterfutter auf, die darin enthaltenen Kohlenhydrate werden umgesetzt in Körperwärme. Im Innern der Kugel herrschen Temperaturen von 20 bis 25 °C, am Kugelrand 8 bis 10 °C. Je stärker das Wintervolk ist (10 000 bis 20 000 Bienen), desto einfacher ist es für die Bienen, die notwendigen Temperaturen aufrechtzuerhalten.
Im Januar und Februar finden zwei bis drei Reinigungsflüge statt, sobald die Außentemperaturen auf 10 bis 12 °C angestiegen sind. Die Wintertraube lockert sich, die Bienen fliegen ins Freie, um ihre Kotblase zu entleeren. Bienen eines gesunden, ungestörten Volkes koten nur draußen, niemals im Stock. Die kleinen gelblichbraunen Spritzer sind deutlich im Schnee zu sehen.
Die meisten Winterbienen überleben bis zum Frühjahr. Einige Altbienen sterben schon während des Winters und werden an wärmeren Tagen von Arbeiterinnen aus dem Stock getragen (Leichenfall). Im Februar beginnt die Königin wieder mit der Eiablage, im März besuchen die Bienen Frühtrachtpflanzen.

Ernährung und Blütenbestäubung

Eine Stockbiene lernt etwa von ihrem 15. Lebenstag an durch Erkundungsflüge die nähere Umgebung des Bienenstocks kennen. Vom 20. Lebenstag an wird sie Flug- oder Sammelbiene: Bei trockenem Wetter mit Temperaturen über 15 °C sammelt sie Nektar, Honigtau und Pollen (Blütenstaub).

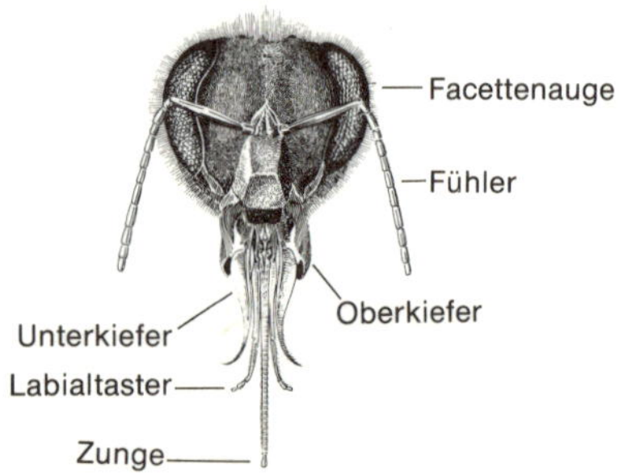

Kopf einer Arbeiterin. Mit den Facettenaugen kann die Biene auch UV- und polarisiertes Licht wahrnehmen. Mit Ober- und Unterkiefer kaut sie Honig und Pollen und knetet Wachs. Mit den Labialtastern ertastet sie die Nektardrüsen der Blüten. Sie besitzt in den Fühlern Organe zur Wahrnehmung von Gerüchen und Außentemperaturen. Mit der Zunge (Rüssel mit Geschmacksorganen) saugt sie Nektar aus den Nektardrüsen der Blüten.

Nektar ist der zuckerhaltige Saft aus den Nektardrüsen (Nektarien) der Blüten. Um an diese Drüsen, die sich meist am Grunde des Blütenkelchs befinden, zu gelangen, muß die Biene möglichst tief in die Blüte eindringen. Dabei bleiben in ihrem dichten Haarkleid Pollenkörner hängen; und da Bienen blütenstet sind, also bei jedem Flug nur eine Blütenart besuchen, bestäuben sie andere Blüten der gleichen Art mit den im Haarkleid hängenden Pollen.
Mit ihrem Rüssel saugt die Biene den Nektar in die Honigblase, die über einen Ventiltrichter mit dem Mitteldarm verbunden ist (→ Zeichnung Seite 7). Über das Ventil entnimmt sie der Honigblase nur so viel Nektar, wie sie selbst braucht.
Noch während des Fluges wird dem Nektar in der Honigblase Wasser entzogen, das über den Darm ausgeschieden wird. Außerdem reichert sich der Nektar mit körpereigenen Stoffen aus verschiedenen Drüsen der Flugbiene an. Im Stock angekommen, entleert sie den mit Wirkstoffen angereicherten Blaseninhalt über ihren Rüssel in eine leere Wabenzelle oder gibt den Nektar an eine Stockbiene ab, die ihn in ihrer Honigblase ebenfalls bearbeitet und dann in einer leeren Zelle ablagert.
Andere Stockbienen nehmen den zunächst noch sehr dünnen Saft auf, versetzen ihn mit körpereigenen Stoffen und entleeren ihn in eine andere Zelle. Dieser Vorgang – der Imker nennt ihn »Umtragen« – wird so oft wiederholt, bis der Nektar in Honig umgewandelt ist. Zwischen den Waben und am Flugloch sitzen Stockbienen, die durch schnellen Flügelschlag ventilieren und damit das bei der Eindickung verdunstende Wasser aus dem Stock befördern (→ Foto Seite 37). Hat der Honig einen Wassergehalt von 17 bis 20 Prozent, ist er reif. Die Bienen verschließen (verdeckeln) die Honigzellen mit einem dünnen Wachsdeckel. Sobald das geschehen ist, kann der Imker schleudern (→ Seite 39).

Um ein Kilogramm Honig zu erhalten, müssen, je nach Ergiebigkeit der Futterquellen, drei bis fünf Millionen Blüten bei etwa 40 000 Sammelflügen aufgesucht werden – die Honigblase der Biene kann 50 bis 60 Milligramm Nektar aufnehmen.
Steht das Bienenvolk in einer Waldgegend, können die Bienen von Juni an Honigtau sammeln, den von Läusen produzierten Pflanzensaft. Blattlausarten der Familie *Lachnidae* (Baum- oder Rindenläuse) und verschiedene Schildlausarten der Familie *Lecanidae* zapfen die Nadeln von Fichte, Tanne und Kiefer, oft auch die Blattstiele von Eiche, Ahorn und anderen Laubbäumen an und saugen Pflanzensaft, dem sie für sich lebensnotwendige Stoffe entziehen. Der Rest wird wieder ausgeschieden und hängt dann in kleinen, glänzenden Tröpfchen an Nadeln oder Blättern – der Wald honigt. Honigtau, der von Laubbäumen stammt, wird Blatthonig genannt. Die Bienen bearbeiten den Honigtau genauso wie Nektar.
Der in die Waben eingelagerte Honig dient der Aufzucht der Brut und ist Nahrungsvorrat für kalte Monate. Die Kohlenhydrate, die im Honig enthalten sind, liefern den Bienen die Energie für ihre Tätigkeit.
Neben Nektar und Honigtau brauchen die Bienen auch Pollen (Eiweiß!) als Nahrung. Während des Fluges von Blüte zu Blüte transportieren sie ihn mit Hilfe der Kämme und Bürsten an ihren Beinen zu den Vertiefungen an ihren Hinterbeinen (→ Zeichnung Seite 7). Dort wird der Pollen mit etwas aus dem Stock mitgebrachtem Honig zu einem dicken Klumpen verknetet; man sagt, »die Bienen höseln«. An der Farbe der Pollenhöschen kann der Imker erkennen, welche Blüten die Biene besucht hat. Im Stock angekommen, streift die Biene den Pollen in eine leere Zelle ab. Junge Stockbienen »stampfen« dann den Blütenstaub mit Kopf und Vorderbeinen in den Zellen fest.

Rund- und Schwänzeltanz

Hat eine Sammelbiene im Umkreis von 100 Metern um den Bienenstock (bei ebener Lage) eine Futterquelle gefunden, kann sie das anderen Sammelbienen, die sich im Stock aufhalten, durch den Rundtanz mitteilen:

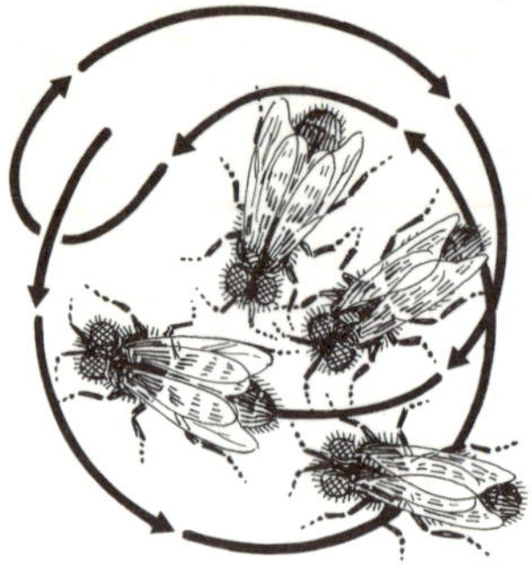

Durch Rundtanz informiert eine Flugbiene andere Flugbienen über eine Futterquelle, die höchstens 100 m vom Stock entfernt ist.

Sie läuft auf einer Wabe immer im Kreis, einmal links, einmal rechts herum (→ Zeichnung oben); einige Bienen berühren die Tänzerin und tanzen mit. Dabei nehmen sie mit ihren Geruchsorganen, die an den Fühlerenden sitzen, den spezifischen Duft der gefundenen Blüte auf, der im Haarkleid der Tänzerin haftet. Während eine genaue Angabe der Richtung, in der die Nahrungsquelle liegt, bei einer Entfernung von höchstens 100 Metern nicht nötig ist, wird die Ergiebigkeit der Nahrungsquelle durch die Geschwindigkeit des Tanzes angegeben: Je schneller getanzt wird, desto mehr Futter ist vorhanden, und desto näher liegt der Futterplatz. Ist eine Futterquelle mehr als 100 Meter vom Stock entfernt, werden mit Hilfe des Schwänzeltanzes auch Richtung und genaue Entfernung angegeben. Die Biene tanzt auf einer Wabe eine gerade Strecke, wobei sich ihr Hinterleib pendelartig hin- und herbewegt. Dann läuft sie – ohne Schwänzelbewegungen – im Halbkreis vom Ende der getanzten Geraden zu deren Anfang, durchschwänzelt die Gerade wieder und läuft im Halbkreis – diesmal in die andere Richtung – zum Anfang der Geraden

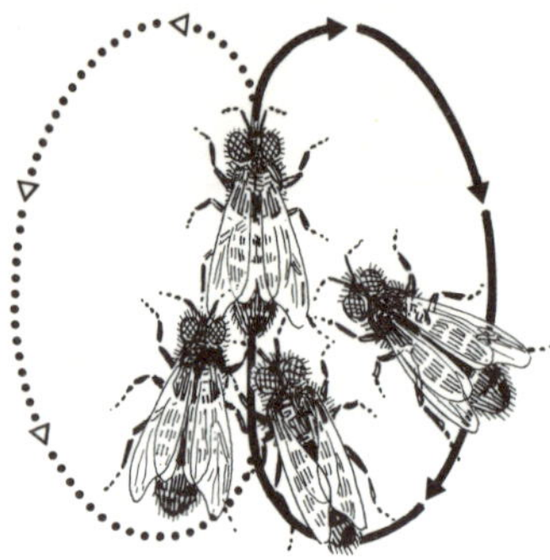

Durch Schwänzeltanz informiert eine Flugbiene andere Flugbienen über eine Futterquelle, die weiter als 100 m vom Stock entfernt ist.

zurück (→ Zeichnung oben). Die Anzahl der Pendelbewegungen auf dieser Geraden in einer bestimmten Zeiteinheit signalisiert den anderen Bienen die Entfernung der Nahrungsquelle vom Stock: Je langsamer der Hinterleib pendelt, desto weiter ist der Futterplatz entfernt.

Der Winkel zwischen den Geraden Bienenstock-Sonne und Bienenstock-Futterquelle entspricht dem Winkel zwischen der Schwerkraftachse der senkrecht hängenden oder stehenden Waben und der Schwänzelgeraden (→ Zeichnung Seite 11). Mit der ständigen Veränderung des Sonnenstandes ändert sich dieser Winkel und damit die Tanzrichtung. Die mittanzenden Bienen können also an der Richtung, in der die Schwänzelgerade verläuft, ablesen, in welcher

Richtung die Nahrungsquelle liegt. Bei bedecktem Himmel genügt zur Orientierung ein kleines Wolkenloch, dessen Blau polarisiertes Licht reflektiert, an dem die Bienen den Sonnenstand ablesen können. Auch bei geschlossener Wolkendecke erkennen ihn die Bienen, da sie UV-Strahlen wahrnehmen können.

So verteidigen sich Bienen

Vor dem Flugloch des Bienenstocks versehen stets Stockbienen Wächterdienste. Fast jede Biene, die in den Stock will, wird berochen. Stellen die Wächterinnen an ihr den spezifischen Stockgeruch fest, kann sie passieren. Stammt die Biene aus einem anderen Volk und hat Nektar oder Honig dabei, darf sie ebenfalls passieren. Kommt sie aber ohne Nahrung, also vielleicht in räuberischer Absicht, wird sie vertrieben.

Daß sich Bienen verfliegen, kommt selten vor, da bei Flugwetter außer den Wächterinnen sterzelnde Bienen am Flugloch sitzen; sie recken ihren Hinterleib hoch und fächeln mit ihren Flügeln den Ankömmlingen den Stockduft entgegen. So haben es die Flugbienen leichter, ihren Stock zu erkennen.

Fliegen Wespen oder Hornissen zum Flugloch, ist die räuberische Absicht klar: Diese Insekten nehmen nicht nur tierische Nahrung auf, sondern gehen auch gerne an Honig. Der Eindringling wird sofort angegriffen, wobei den Wächterinnen andere Stockbienen zu Hilfe eilen. Bei solchen Kämpfen setzen die Bienen auch ihren Giftstachel ein, den sie aus der unelastischen Chitinhaut von Wespe oder Hornisse wieder herausziehen können. Sticht eine Biene dagegen einen Menschen oder ein Säugetier, zieht sich deren elastische Haut um die Einstichstelle zusammen und hält den Stachel an seinen Widerhaken fest. Beim Wegfliegen reißt sich die Biene den Stachelapparat mit Nervensträngen heraus, sie stirbt.

Wird der Stachel mit anhängender Giftblase nicht sofort nach dem Stich aus der Haut entfernt (→ Seite 14), entlädt sich die Giftblase selbsttätig über den Stachel in die Stichwunde.

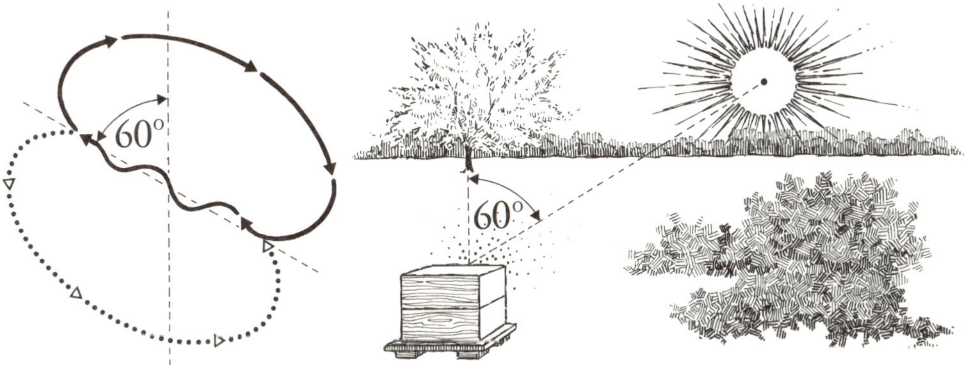

Beim Schwänzeltanz wird auch die Richtung angegeben, in der die Futterquelle liegt: Der Winkel zwischen den Geraden Bienenstock-Sonne und Bienenstock-Futterquelle entspricht dem Winkel zwischen der Schwerkraftachse der senkrechten Wabe und der Schwänzelgeraden.

Entwicklung und Aufgaben einer Arbeiterin

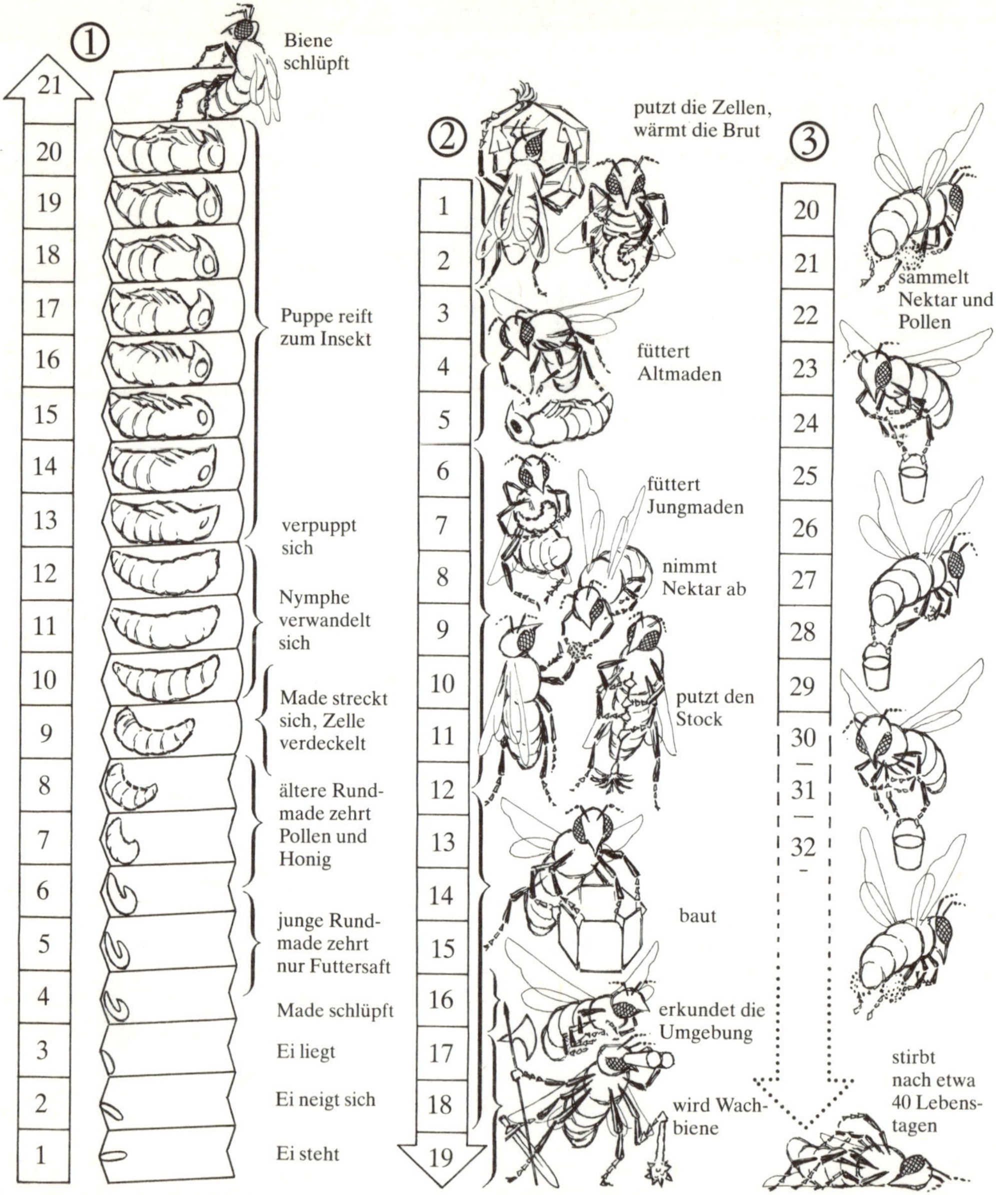

① entwickelt sich zum fertigen Insekt ② wird Stockbiene ③ wird Sammelbiene

Voraussetzungen für die Bienenhaltung

Der richtige Standort für Ihre Bienenvölker

Wohin mit den Bienenvölkern? Diese Frage müssen Sie geklärt haben, bevor Sie sich für die Haltung von Bienen entscheiden. Bienenhaus oder Bienenkästen sollten möglichst abgelegen stehen; ideal ist ein Platz in der Nähe von Obstgärten, an Waldrändern oder Ödflächen – dort also, wo die Bienenvölker ungestört sind, wo im Umkreis von zwei Kilometern genügend Bienenweide vorhanden ist, wo Sie notwendige Arbeiten in Ruhe durchführen können. Wenn Sie Bienen in Ihrem Garten (er sollte mindestens 400 bis 500 Quadratmeter groß sein) halten wollen, müssen die Bienenkästen in genügend großem Abstand vom Nachbargrundstück aufgestellt werden. Sichtblenden aus zwei Meter hohen Schilfmatten oder, besser noch, ein lebender Zaun sorgen dafür, daß der Nachbar nicht belästigt wird. Besonders günstig ist es natürlich, wenn in Ihrem Garten Obstbäume als Nahrungsquelle für die Bienen vorhanden sind. Außerdem ist die Anlage eines kleinen Naturteiches als Bienentränke empfehlenswert. Für die Aufstellung von Bienenvölkern brauchen Sie keine behördliche Genehmigung, da die Bienenhaltung »ortsüblich« ist.
Ein Bienenvolk braucht von März bis September an Nahrung etwa 50 Kilogramm Nektar und Honigtau, außerdem 20 Kilogramm Pollen (→ Seite 8). Pflanzen, die diese Nahrung liefern, bezeichnet man als Bienenweide (-pflanzen) oder Tracht (-pflanzen). Durch gezielte Aussaat von Trachtpflanzen (im eigenen Garten, auf dem Nachbargrundstück oder auf Brachland – nach Absprache mit Eigentümern und Genehmigung durch die zuständigen Behörden) kann die Entwicklung der Völker unterstützt werden. Bei der Auswahl des Standorts für Bienenhaus und Bienenkästen sollten Sie sich von einem erfahrenen Imker beraten lassen. Rat brauchen Sie auch, wenn sie Trachtpflanzen aussäen möchten.

Praktische Ausbildung

Bevor Sie mit der Bienenhaltung beginnen, sollten Sie unbedingt eine Saison lang bei einem Imker helfen. Auch der Besuch von Wochenendkursen an Lehrbienenständen oder bienenwissenschaftlichen Instituten ist empfehlenswert. Für die theoretische Ausbildung gibt es eine Fülle von Lehrbüchern. Wenn Sie die Imkerei als Hobby oder Nebenerwerb betreiben möchten – wie es die meisten Imker im deutschsprachigen Raum tun –, genügt eine solche Vorbereitung. Der Berufsimker dagegen muß eine drei Jahre dauernde Lehre und eine fünf- bis zehnjährige Berufserfahrung nachweisen, bevor er eine Berufsimkerei leiten kann. Eine gewisse Risikobereitschaft und keine Scheu vor harter Arbeit sind die Voraussetzungen für den Beruf des Imkers.

Über Bienenstiche und Allergien

Bei der Bienenzucht wird heute besonders großer Wert gelegt auf die Sanftmütigkeit der Bienen. Die Carnica-Rasse, die ich jedem Anfänger empfehlen möchte, zeichnet sich durch besonders sanftmütiges Verhalten aus. Dennoch werden sich Bienenstiche nicht verhindern lassen. Da aber Bienen nur dann stechen, wenn sie sich angegriffen fühlen, können Sie als Imker Ihr Verhalten darauf abstimmen. Bei Arbeiten an Bienenvölkern dürfen Sie deshalb keine hektischen, unkontrollierten Bewegungen machen. Auch Parfum oder parfümierte Körperpflegemittel sollten Sie meiden, um die Bienen nicht zu reizen. Außerdem können Sie sich durch entsprechende Kleidung (→ Seite 22) vor Bienenstichen schützen.

Wenn Sie gestochen worden sind, müssen Sie den Stachel mit anhängender Giftblase schnell entfernen, damit möglichst wenig Gift in den Körper gelangt. Sie dürfen den Stachel nicht mit den Fingern an der Giftblase fassen und herausziehen – auf diese Weise würde die Giftblase völlig entleert –, sondern Sie müssen ihn entweder mit der Pinzette zwischen Haut und Giftblase fassen und herausziehen oder mit dem Fingernagel herauswischen; so gelangt das Gift aus der Blase nicht in den Körper.
Anschwellungen nach einem Stich können durch Umschläge mit Alkohol, essigsaurer Tonerde, Salzwasser, dem Saft einer rohen Zwiebel oder durch Auftragen von Soventol-Gelee gemildert werden.
Bei Stichen in Mund oder Rachen, bei Auftreten von Schwindel und Erbrechen, bei einem Kollaps nach Massenstichen muß sofort ein Arzt aufgesucht werden.
Erste Hilfe-Maßnahme bei einer Mund- oder Rachenschwellung – es besteht Erstickungsgefahr: Tafelsalz eßlöffelweise in der Mundhöhle verteilen, auf keinen Fall runterschlucken (!), und öfter erneuern. Sofort zum Arzt!
Wenn Sie Allergiker sind, aber nicht wissen, ob Bienenstiche oder schon der Umgang mit Bienen bei Ihnen eine Allergie auslösen können, sollten Sie sich einem Test bei einem Allergologen unterziehen. Es gibt wirksame Gegenmaßnahmen bei Allergien, so daß Sie bei positivem Befund nicht unbedingt auf die Imkerei verzichten müßten.

Kosten und Zeitaufwand

Die Frage nach den Kosten läßt sich nicht pauschal beantworten. Die Bienenhaltung ist abhängig von Witterungseinflüssen und Krankheitsvorkommen, deshalb sind die jährlichen Ausgaben für Futter und Krankheitsbekämpfungsmittel sowie der Jahresverdienst durch Honigverkauf im voraus nicht genau zu veranschlagen.
Die Anschaffungskosten für drei Bienenkästen (Magazinbeuten, Zubehör, Kleidung und Geräte) betragen etwa 800 DM. Dazu kommen die Kosten für zwei Bienenvölker (300 DM), für Krankheitsbekämpfungsmittel (etwa 20 DM), Futtermittel für ein Jahr (etwa 100 DM), Vereinsbeitrag (jährlich 60 DM) und für Fachliteratur (etwa 70 DM). Sie müssen bei Neuanschaffung im ersten Jahr also einen Betrag von rund 1400 DM investieren.
Die teuren Honigerntegeräte, zum Beispiel die Honigschleuder (→ Seite 39), brauchen Sie nicht sofort zu kaufen; zunächst können Sie sicherlich die Schleuder eines benachbarten Imkers benutzen oder sie gemeinsam mit einem anderen Imker anschaffen.
Wenn Sie Bienenvölker mit Beuten, Zubehör und Geräten zur Honiggewinnung von einem Imker übernehmen, der die Bienenhaltung aufgeben möchte, sind die Kosten erheblich geringer: Für zehn Bienenvölker mit allem, was dazu gehört, müssen Sie etwa 3000 DM bezahlen. In Fachzeitschriften sind häufig Anzeigen von aufgebenden Imkern zu finden. Ziehen Sie bei Käufen dieser Art aber bitte immer einen erfahrenen Imker zu Rate.
Anfänger und Hobby-Imker werden die Stunden, die sie bei ihren Bienenvölkern verbringen, nicht zählen. Ein Imker mit mehrjähriger Erfahrung rechnet mit einem Zeitaufwand von 6 bis 8 Stunden pro Volk und Jahr – diese Angabe bezieht sich ausschließlich auf die Pflegemaßnahmen an den Völkern, Instandsetzungs- und Reparaturarbeiten sind nicht eingerechnet.

Imkerliche Organisationen

Ich empfehle Ihnen dringend die Mitgliedschaft in der imkerlichen Organisation. Sie werden nicht nur in Versicherungs- und Rechtsfragen beraten und unterstützt (→ nächste Spalte), sondern können auch bevorzugt viele Einrichtungen der Landesverbände, Kreis- und Bezirksvereine in Anspruch nehmen.
Die Ortsvereine sind dem Landesverband, dieser ist der Dachorganisation, dem Deutschen Imkerbund (DIB), angeschlossen (Anschriften → Seite 68). In der Bundesrepublik gibt es 70 000 bis 80 000 organisierte Imker.
Die Landesverbände vermitteln die Zusammenarbeit zwischen Wissenschaftlern und Praktikern und geben in ihren Fachzeitschriften die Erkenntnisse der staatlichen bienenwissenschaftlichen Lehr- und Forschungsinstitute an die Imker weiter. In vielen Bundesländern sind den Instituten Bienenzuchtberater zugeordnet, deren Rat und Hilfe dem Imker zugute kommen. Jeder Landesverband kann außerdem Anschriften von Lehrbienenständen nachweisen, wo Kurse für Anfänger und Fortgeschrittene zu Themen wie Zucht, Bienenkrankheiten, Honiggewinnung oder Bienenweide abgehalten werden.
In der Europäischen Gemeinschaft werden die Interessen der Imker vertreten durch die COPA, mit Sitz in Brüssel, in der alle landwirtschaftlichen Erzeugergruppen zusammengeschlossen sind. Die Imker haben sich weltweit in einem Dachverband, der »Apimondia«, mit Sitz in Bukarest und Rom, organisiert. Nach Apimondia-Angaben gibt es auf der Welt ungefähr 1,4 Millionen Imker mit insgesamt 12 Millionen Bienenvölkern.

Versicherung und Steuern

Als Mitglied in einem Imker-Ortsverein sind Sie über den Landesverband versichert: Ihre Bienenvölker, Inventar, Futtervorrat und der volle Ernteertrag gegen Schäden bei Transport, Brand, Einbruchdiebstahl, Frevel (absichtliche Schädigung der Bienenvölker durch andere), Sturm, Hochwasser und gegen Schäden durch Verwendung von Insekten- und Unkrautvertilgungsmitteln. Außerdem sind Sie, Ihre Familienangehörigen und Hilfskräfte versichert gegen Unfall, Invalidität und Todesfall, verursacht im Zusammenhang mit der Imkerei.
Bei Rechtsstreitigkeiten im Zusammenhang mit der Bienenhaltung können auf Antrag die Kosten für Rechtsanwalt und Sachverständige, eventuell auch die Gerichtskosten übernommen werden; erkundigen Sie sich vorher. Ein Leistungsverzeichnis und die Bienenschutzverordnung können Sie beim Ortsvereinsvorsitzenden oder beim Landesverband (→ Seite 68) anfordern.
Im steuerlichen Sinne gehört die Imkerei zum land- und forstwirtschaftlichen Vermögen, eine Bewertung wird aber erst vorgenommen, wenn Sie mehr als dreißig Bienenvölker haben. Das bedeutet für Sie: Als Anfänger und Hobby-Imker brauchen Sie den Erlös durch Verkauf der Bienenprodukte nicht zu versteuern.

Bienenkästen, Geräte, Bienenvölker

Welche Bienenkästen sind zweckmäßig?

Die am häufigsten benutzten Bienenkästen sind die Magazinbeute und der Blätterstock. Während der Blätterstock in einem Bienenhaus untergebracht werden muß, kann die Magazinbeute sowohl im Freien als auch im Bienenhaus aufgestellt werden. Da sich nicht viele Imker-Neulinge ein Bienenhaus bauen oder kaufen können, ihre Völker also in der Magazinbeute halten, werde ich in den folgenden Kapiteln die Arbeitsweise mit der Magazinbeute stets an erster Stelle beschreiben.
Außer Magazinbeute und Blätterstock gibt es natürlich noch andere Systeme (Trogbeute, Zanderbeute, Strohkörbe), die ich lediglich vorstelle (→ Seite 20).

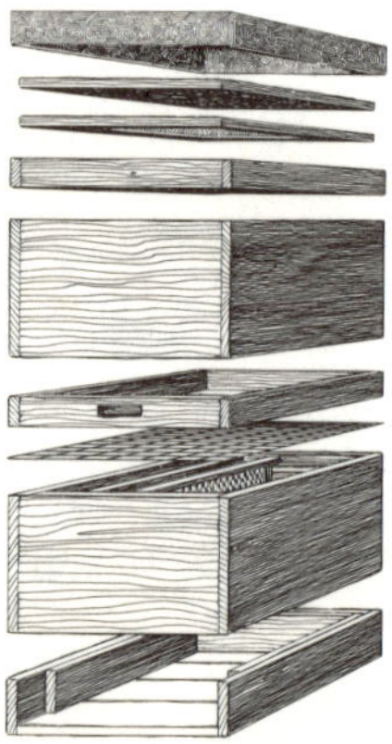

Das Magazin, eine Oberbehandlungsbeute, setzt sich zusammen aus (von unten nach oben): einfachem Unterboden – Brutraumzarge, in der acht bis zehn senkrecht eingehängte Waben Platz haben – Absperrgitter (damit die Königin nicht in den Honigraum gelangen kann) – Zwischenboden – Honigraumzarge – Futterdeckel mit Futtertrog – Lüftungsgitter für den Transport – Weichfaserplatte zur Wärmeisolierung – Deckel.

Die Magazinbeute

Die Magazinbeute, auch »Magazin« genannt, besteht aus einem rechteckigen Bodenbrett mit 3 bis 10 cm hohem Rahmen, auf das eine oder mehrere Holzkisten ohne Deckel und Boden, die Zargen, aufgesetzt werden. Darauf liegt der Deckel eventuell mit Weichfaserplatte zur Wärmeisolierung, oder für den Transport der Gitterrahmen (flacher Holzrahmen, in den ein Drahtgitter eingespannt ist). Alle Teile – vom Bodenbrett bis zum Gitterrahmen – haben die gleichen Grundmaße, sie passen also genau aufeinander. Das Flugloch, eine schmale rechteckige Öffnung, befindet sich an der Vorderseite der Beute, im Rahmen des Bodenbretts. Da die Waben (→ Seite 5) bei dieser Beutenart von oben in die Zarge eingehängt und auch von oben entnommen werden, ist das Magazin eine Oberbehandlungsbeute.
Zum Schutz gegen Bodenfeuchtigkeit sollten Magazinbeuten 30 bis 40 cm über dem Erdboden auf Balken oder gestapelten Brettern stehen. Die einzeln stehende Beute wird abgedeckt mit einem regenundurchlässigen, überstehenden Deckel, mehrere nebeneinanderstehende Magazine können Sie mit Holz, Blech, Dachpappe oder Eternit-Wellplatten gegen Witterungseinflüsse schützen.
Sie können das Magazin auch im Bienenhaus (→ Seite 22) aufstellen, doch lassen sich die Arbeiten an einer Oberbehandlungsbeute im Freien besser ausführen.

Gedanken- und Erfahrungsaustausch sind bei der Bienenhaltung notwendige Voraussetzungen für eine erfolgreiche Arbeit an den Bienenvölkern. Bei Arbeiten am Bienenvolk ist bienendichte Kleidung unerläßlich! ▷

Vorteile der Magazinbeute:

- Sie brauchen kein Bienenhaus.
- Der Raum kann der jeweiligen Volksstärke durch Erweiterung mit einer Zarge angepaßt werden. Durch Aufsetzen einer Zarge mit Zwischenboden lassen sich auf bequeme Weise Ableger (→ Seite 34) bilden.
- Sie benötigen keinen Ablegerkasten (kleinen Bienenkasten).
- Im Winter können Sie die Zargen zur Aufbewahrung von Leerwaben nutzen, wobei Sie Zwischenböden als Boden und als Deckel der gestapelten Zargen verwenden. Auf diese Weise ist Mäusen der Zugang zu den Waben verwehrt. Sie brauchen also keinen Wabenschrank zu kaufen.
- Sie können die Honigwaben zur Schleuderung in den Zargen transportieren, Sie brauchen sich also keine Wabentransportkästen zuzulegen.
- Sie haben größere Honigernten als beim Blätterstock, weil die Völker stärker sind.

Nachteil der Magazinbeute:

Der körperliche Einsatz ist größer als beim Blätterstock, da manchmal Zargen mit Waben abgehoben werden müssen. Eine Zarge, in der alle Waben mit Honig gefüllt sind, kann bis zu 20 Kilogramm wiegen.

◁ Oben: Wabe mit gedeckelter Arbeiterinnenbrut, geschlossenes Brutnest über der ganzen Wabenfläche; in den beiden oberen Wabenecken sind Honig und Pollen abgelagert.
Unten links: Eine Honigwabe wird über dem Bienenvolk mit dem Abkehrbesen abgekehrt. Rechts: Eine mit Bienen besetzte Wabe (links im Bild) wird gegen die eingelötete Mittelwand ausgetauscht.

Der Blätterstock

Der Blätterstock (→ Zeichnung Seite 20) ist ein Holzkasten, der durch ein waagerecht eingelegtes Gitter in zwei gleich große Räume unterteilt ist, den Brutraum (unten) und den Honigraum (oben). Die Zwischenräume des Gitters (Absperrgitter) sind so klein, daß nur Arbeitsbienen hindurchschlüpfen können, nicht aber die Königin. In den Honigraum gelangen also nur Arbeitsbienen, die die Wabenzellen mit Honig füllen. Waben mit Brut befinden sich nur unten im Brutraum. Da die zur Schleuderung bestimmten Waben (→ Seite 5) dem Honigraum entnommen werden, ist sichergestellt, daß bei der Honiggewinnung die Waben brutfrei sind.
Einige Zentimeter über dem Blätterstockboden und dem fest eingebauten Absperrgitter befindet sich jeweils ein Rost aus quer verlaufenden Eisenstäben. Auf diesen Rost werden die Waben geschoben, so daß sie senkrecht nebeneinander auf den Roststäben stehen. Wird eine Wabe entnommen, lassen sich die anderen nach links und rechts verschieben – sie lassen sich »blättern«. Der Blätterstock ist eine Hinterbehandlungsbeute, weil die Waben von der dem Flugloch gegenüberliegenden (hinteren) Seite entnommen und eingeschoben werden. An der rückwärtigen Seite des Brutraums ist ein Holzrahmen mit Glasfenster angebracht, an der Innenseite des Rahmens ein Baurähmchen, ein leerer Holzrahmen, den die Bienen mit Waben bebauen können. An der Art der Zellen – ob Arbeiterinnen- oder Drohnenzellen und Weiselnäpfchen – ist abzulesen, in welcher Stimmung sich das Volk befindet (→ Seite 26). (Die Funktion eines solchen »Stimmungsbarometers« übernimmt im Magazin ein leeres Rähmchen, das neben die Brutwaben gehängt wird.)
An der rückwärtigen Seite des Honigraums befindet sich ein Holzrahmen mit Glasfenster

oder Drahtgittereinsatz. Die gesamte Rückseite des Blätterstocks ist mit einer Holztür zu schließen. Zur Ausstattung der meisten Blätterstöcke gehören Wärmekissen, mit deren Hilfe Brut- und Honigraum isoliert werden.

Vorteile des Blätterstocks:

- Blätterbeuten lassen sich stapeln.
- Werden Blätterbeuten in entsprechender Höhe nebeneinandergestellt, können die Arbeiten am Bienenvolk sitzend erledigt werden, was besonders vorteilhaft ist für körperbehinderte und ältere Menschen.
- Durch das Glasfenster kann man das Volk beobachten, ohne es zu stören; das hinter dem Glas zu sehende Baurähmchen ist das »Stimmungsbarometer« des Volkes und gibt Aufschluß über sein Verhalten.

Nachteile des Blätterstocks:

- Sie brauchen ein Bienenhaus für die Unterbringung.
- Außerdem wird ein Ansteckt isch oder -kasten (Holzplatte mit fünf bis zehn Zentimeter hohem Rand an drei Seiten) benötigt, der hinten an den Blätterstock gehängt wird. Bienen, die Sie von einer aus der Beute entnommenen Wabe abkehren (→ Seite 29), können dann bequem wieder in ihr Volk einlaufen.
- Abgestellt werden die Waben in einem Wabenbock, einem Gestell mit seitlichen Halterungen für acht bis zehn Waben. So lassen sich Waben abstellen, ohne daß Bienen gequetscht werden.
- Im Winter müssen Sie die nicht benötigten Waben in einem Schrank (Wabenschrank) aufbewahren, in den Fächer zum Abstellen der Waben eingebaut sind.
- Für die Arbeit an den im Bienenhaus untergebrachten Hinterbehandlungsbeuten benötigen Sie einen kleinen Arbeitstisch, um Arbeitsgeräte griffbereit ablegen oder den Wabenbock abstellen zu können. Sind die Beuten in zwei oder drei Etagen gestapelt, sollten Sie sich ein in der Höhe verstellbares Tischchen anschaffen; so kann die Tischplatte der jeweils bearbeiteten Beute angepaßt werden.

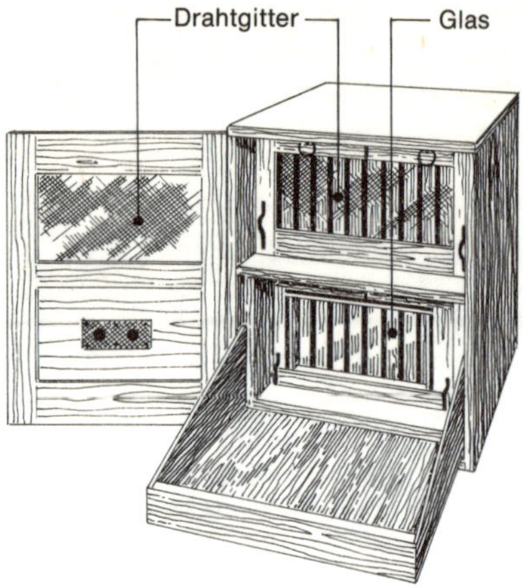

Der Blätterstock, eine Hinterbehandlungsbeute (Rückansicht), besteht aus Brutraum (unten) und Honigraum (oben); das Absperrgitter dazwischen ist fest eingebaut. Die Lüftungsklappe in der oberen Türhälfte und der Holzrahmen, der den Honigraum abschließt, sind mit einem Drahtgitter versehen. Im Rahmen des Brutraumfensters ist das Baurähmchen angebracht. Am Brutraumfenster befindet sich außerdem ein Brettchen, das zum Transport und beim Abkehren der Bienen von der Wabe zwischen den Fensterfedern hochgeschoben werden kann. Nur bei geöffneter Tür ist das Anhängebrett anzubringen.

Andere Beutenarten

Die Trogbeute ist eine Oberbehandlungsbeute, die wettergeschützt in einem Bienenhaus oder einem kleinen Bienenstand (Freistand, → Seite 22) untergebracht werden muß.
Die Original Zander-Magazinbeute, im süddeutschen Raum noch häufig zu sehen, ist ein Vorläufer der heute gebräuchlichen Magazin-

beute, eignet sich jedoch nicht zur Aufstellung im Freien.
Die Korbimkerei: Vor der Einführung von Ober- und Hinterbehandlungsbeuten benutzte man bei der Bienenhaltung Körbe aus Stroh. Die Korbimkerei wird heute nur noch als Touristenattraktion betrieben.

Notwendiges Zubehör

Versand- und Fachhandel bieten Bienenstöcke mit allem Zubehör an, aber auch Bausätze für verschiedene Beutenarten (mit Bauanleitung). In der Fachliteratur (→ Seite 67) finden Sie Adressen von Versand- und Fachhandelsgeschäften. Kataloge und Preislisten können Sie sich kostenlos zusenden lassen. In manchen Gegenden haben sich die Imker genossenschaftlich zusammengeschlossen, um preisgünstiger einkaufen und den Honig gemeinschaftlich absetzen zu können.
Einem Anfänger empfehle ich, mit zwei Völkern zu beginnen – mehr könnten ihn leicht überfordern –, bei nur einem Volk sind keine Vergleichsmöglichkeiten gegeben, und falls es eingeht, muß er nicht völlig neu anfangen.
Für zwei Völker in Magazin- und Blätterstockhaltung benötigen Sie:

- 3 Bienenkästen (ein Kasten wird bei der Ablegerbildung gebraucht, → Seite 30 und 34)
- Rähmchen (Rähmchenmaße → Seite 24) und ausgebaute Waben: pro Kasten jeweils etwa 20 Stück
- Mittelwände: pro Volk 8 bis 12 Stück
- 1 Rolle Wabendraht (250 Gramm)
- Fütterungsgeräte für 3 Beuten
- 3 Stockkarten
- 1 Pollenhäuschen
- 1 Sonnenwachsschmelzer
- 2–3 Schlüpf- oder Zusetzkäfige für Weiselzellen
- 1 Feglings- oder Ruck-Zuck-Kasten
- 1 Begattungskästchen
- 1 Königinnenzeichenset
- 1 Raucher mit Tabak (verschiedene Rauchgeräte und Rauchmaterial → Seite 65).
- 1 Wasserzerstäuber
- je 1 Meißel, Abkehrbesen, Kratzer, Rillrad
- Wenn Sie Bienen in Blätterstöcken halten wollen, brauchen Sie neben dem Bienenhaus auch einen Wabenbock, einen Wabenschrank und einen Ablegerkasten.

Wie und bei welchen Pflegemaßnahmen Sie Geräte und Zubehör einsetzen, erfahren Sie im Kapitel »Haltung und Pflege« (→ Seite 24).

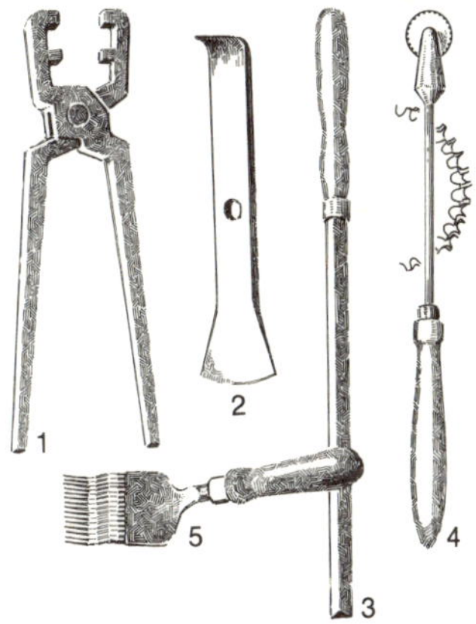

Diese Geräte braucht der Hobby-Imker: **1** Wabenzange für den Blätterstock, **2** Stockmeißel zum Lokkern der Waben, **3** Honigrührstab, ein Dreikant-(Buchen-)Holz, **4** Rillrädchen zum Einlöten der Mittelwand in das Rähmchen, **5** Entdeckelungsgabel mit gebogenen Zinken zum Abheben der Wachsdeckel von den Honigzellen.

Was Sie selber bauen können

Sie können die Anschaffungskosten erheblich senken, wenn Sie einiges an Zubehör selbst bauen.

Wollen Sie Ihre Magazinbeuten besser schützen, bauen Sie sich einen Freistand, in dem etwa fünf Völker Platz finden: Holzgestell mit Seitenverkleidung und Dach, Länge 250 Zentimeter, Breite 60 Zentimeter, Höhe 150 Zentimeter, auf 20 bis 30 Zentimeter hohen Füßen. Das Dach muß aus regendichtem Material sein (zum Beispiel Dachpappe). Die Rückwand kann hochklappbar sein und schützt damit den an seinen Völkern arbeitenden Imker vor Regen und Sonne. Die Bienen können frei abfliegen und stören nicht bei der Arbeit.
Auch das Bienenhaus für die Unterbringung der Blätterstöcke können Sie selbst bauen. Planen Sie dabei einen separaten bienendichten Arbeits- und Schleuderraum ein, in den keine Bienen gelangen dürfen. Im Bienenhaus können Sie auch alle Gerätschaften unterstellen, die Sie für die Imkerei benötigen.
Wenn Sie handwerklich geschickt sind, können Sie sich auch das Pollenhäuschen (eine Art Vogelhäuschen), das Anhängebrett (→ Zeichnung Seite 20) oder den Arbeitstisch (→ Seite 20) für den Blätterstock selbst schreinern.

Die Kleidung des Imkers

Als Schutzkleidung hat sich ein Overall aus leichtem, weißem Stoff gut bewährt. Um ein Hineinkrabbeln der Bienen zu verhindern, hat der Anzug im Vorderteil einen Reißverschluß, die Ärmel- und Hosensäume sind mit Gummizügen ausgestattet. Kleidung in dunklen Farben und aus Wolle dürfen Sie nicht tragen; die Bienen werden dadurch gereizt.
Um sich vor Stichen in Kopfhaut, Gesicht und Hände zu schützen, tragen Sie einen Stoffhut mit Schleier und helle Handschuhe. Sobald Sie im Umgang mit Bienen sicherer sind, können Sie auf die Handschuhe verzichten – als Anfänger sollten Sie sich jedoch auf keine »Mutproben« einlassen.

Wahl der richtigen Bienenrasse

Dem Anfänger empfehle ich die einheimische Bienenrasse *Apis mellifica Carnica* (→ Foto Seite 55). Diese durch breite Filzbinden grau erscheinende Biene hat viele Vorteile:

- Die *Carnica* ist so sanftmütig, daß Sie schon bald ohne Handschuhe arbeiten können.
- Sie ist wabenfest, das heißt, sie bleibt beim Arbeiten am Volk ruhig auf den Waben sitzen, was sich besonders angenehm bei der Königinnensuche bemerkbar macht. Nicht wabenfeste Bienen würden beim Herausnehmen einer Wabe sofort zur Beuteninnenwand oder in eine dunkle Kastenecke entweichen.
- Die *Carnica* ist entwicklungsfreudig, sie bildet also schnell große Völker.
- Durch Selektion (Zuchtauswahl) läßt sie sich gut den vorhandenen Bedingungen wie Beutengröße und Standort anpassen.

Richtiger Zeitpunkt für den Start

Die beste Zeit für den Kauf oder die Übernahme von Völkern mit Beuten ist das Frühjahr – Sie können dann noch im selben Jahr Honig ernten. Bienenvölker, Ableger (→ Seite 30 und 34) und Schwärme (→ Seite 7) ohne Beuten kaufen Sie im Juni oder Juli. Bei einer Imkerversammlung können Sie sich erkundigen, welcher Imker Bienenvölker beziehungsweise Ableger abgibt, oder Sie informieren sich in Fachzeitschriften.

Der Transport

Es ist gleichgültig, ob der Imker-Neuling mit einem Volk, einem Ableger oder einem Schwarm beginnt. Allerdings sind sowohl beim Transport als auch bei der Aufstellung einige

Besonderheiten zu beachten: Der beste Zeitpunkt für den Transport der Bienen ist der Abend; die Beuten, in denen die Bienen transportiert werden, dürfen niemals in der prallen Sonne stehen. Die Bienen müssen unbedingt auch genügend Sauerstoff bekommen. Bei Sauerstoffmangel gerät das Volk in Panik, der Sauerstoffbedarf wird noch größer, die Erregung steigert sich, wodurch die Temperatur im Bienenkasten auf über 60 °C ansteigt: Das Wachs schmilzt, der Wabenbau bricht zusammen – das Volk geht zugrunde.
Wenn Sie also ein Volk im Magazin transportieren, ersetzen Sie Weichfaserdeckel und Abdekkung durch den Gitterrahmen (→ auch Zeichnung Seite 16). Noch besser für den Transport geeignet sind Magazinbeuten mit Wanderböden, das sind Bodenbretter mit etwa 12 cm hohen Seitenleisten und engmaschigen Gittern an zwei gegenüberliegenden Seiten. Beim Transport können sich die Bienen von den Waben zurückziehen und als Traube an die Wabenunterkanten hängen. Durch die Gitter bekommen sie dort genügend Frischluft.
Das Magazin sollten Sie mit einem Wandergurt umspannen, der alle Zargen beim Transport sicher zusammenhält. Der Gurt wird nach der Aufstellung wieder abgenommen.
Vor dem Transport von Völkern in Blätterbeuten entfernen Sie die Wärmekissen und befestigen die Fenster von Brut- und Honigraum mit einem kleinen Nagel oder drücken den am Fensterrahmen befindlichen Fensterfesthalter ein. In vielen Blätterbeuten ist die Beutentür mit einem Drahtgittereinsatz versehen, der mit einer Klappe verschlossen ist (→ Zeichnung Seite 20). Diese Klappe öffnen Sie zum Transport. Außerdem schieben Sie das kleine Brettchen, das am Brutraumfenster angebracht ist, nach oben, damit die Bienen durch den entstehenden Spalt in den Hohlraum zwischen Tür und Fenstern gelangen können, wo sie sich als Traube aufhängen.
Wenn Sie ein Volk oder einen Ableger ohne Beute kaufen, bekommen Sie die Bienen mit Waben, die – bitte darauf achten – in Ihre Bienenkästen passen. Ist das nicht der Fall, müssen die Waben umgeschnitten werden. Wie das Umschneiden richtig gemacht wird, kann Ihnen ein erfahrener Imker zeigen.
Einen Schwarm transportieren Sie in einer Schwarmfangkiste. Zwei ihrer Seitenwände sollten zur besseren Frischluftzufuhr aus engmaschigem Drahtgitter bestehen.

Aufstellen des Volkes

Bienenvölker und Ableger in Magazinbeuten oder Blätterstöcken werden sofort nach dem Transport am vorgesehenen Standort aufgestellt. Die Fluglöcher werden geöffnet, die Gitter der Wanderböden mit dafür vorgesehenen Einsatzteilen verschlossen. Das Wärmekissen im Blätterstock wird eingesetzt, wenn die Bienen sich wieder auf die Waben zurückgezogen haben.
Einen Schwarm stellen Sie nach dem Transport in der Schwarmfangkiste für ein oder zwei Stunden an einen schattigen und kühlen Ort (Keller), bevor Sie ihn abends in eine Beute einschlagen: An der Innenseite des Deckels der Schwarmfangkiste befindet sich meist ein Stück Rupfen, an das sich der Schwarm hängt. Halten Sie den Deckel mit dem Schwarm über das geöffnete Magazin oder das Anhängebrett des Blätterstocks, und schlagen Sie kurz und kräftig auf den Deckel. Dadurch fallen die Bienen in die Zarge oder auf das Anhängebrett, von wo aus sie sofort in den Blätterstock einlaufen. Dann drehen Sie die Schwarmfangkiste, in der sich noch Bienen befinden, über der Beute um, so daß die Öffnung nach unten zeigt, und befördern auch die restlichen Bienen durch einen Schlag auf die Kiste in die Beute.

Haltung und Pflege

In diesem Kapitel erkläre ich Ihnen alle Pflegemaßnahmen, die Sie im Laufe eines Jahres an Ihren Bienen durchführen müssen, um möglichst viel Honig ernten zu können. Eine Aufstellung der in jedem Monat anfallenden Arbeiten finden Sie im »Arbeitsplan durchs Bienenjahr« (→ Seite 48).

Herstellen von Rähmchen

Um die Wabe zu stabilisieren, muß ihre Mittelwand in einen Holzrahmen (das Rähmchen) eingelötet werden. In Deutschland gibt es leider viele verschiedene Rähmchenmaße; ich empfehle dem Anfänger, sich für eines der beiden gebräuchlichsten zu entscheiden, da 80 Prozent der Bienenvölker in Deutschland auf diesen Wabengrößen gehalten werden: Deutsch Normalmaß (DN) mit den Außenmaßen 37,0 × 22,3 cm; Zandermaß (Za) mit den Außenmaßen 42,0 × 22 cm.
Wenn Sie die Rähmchen selbst herstellen wollen, müssen Sie sich beim Fachhändler genormte Holzleisten besorgen. Die Leisten werden zuerst an den Stellen, an denen sie zusammentreffen, mit wasserunlöslichem Kalt- oder Propellerleim bestrichen und dann rechtwinklig und plan zusammengenagelt.

Drahten des Rähmchens

Um die Mittelwand, eine Wachsplatte, die die Innenmaße des Rähmchens hat, einlöten zu können, muß das Rähmchen »gedrahtet« werden (→ Zeichnung nächste Spalte). Durchbohren Sie mit einem Hand- oder einem Elektrobohrer oder mit Hilfe eines Rähmchenlochers (Fachhandel) jeweils an der gedachten Mittellinie die zwei längeren Leisten viermal beim DN-Rähmchen und sechsmal beim Za-Rähmchen. Bohren Sie die beiden äußersten Löcher in drei Zentimeter Abstand vom Rähmchen-Seitenteil, die weiteren zwei oder vier Löcher in gleichen Abständen dazwischen. Klopfen Sie in eine Längsleiste jeweils links und rechts über dem Seitenteil eine kleine Blaupinne so weit ein, daß Sie den Rähmchendraht um den Stift wickeln können. Ziehen sie den Draht durch das Loch neben der Blaupinne, danach durch das gegenüberliegende Loch. Führen Sie den Draht von dort aus durch das nächstliegende Loch auf derselben Seite, danach durch das gegenüberliegende Loch. Als letztes ziehen Sie das Ende des Drahtes durch das Loch neben der zweiten Blaupinne und wickeln es um den Stift. Ziehen Sie das freie Drahtende so lange an, bis der Draht zwischen den Blaupinnen straff gespannt ist, ohne daß sich die Holzleisten verbiegen. Wickeln Sie das Drahtende um die Blaupinne; schlagen Sie beide Blaupinnen ganz in die Leiste ein.

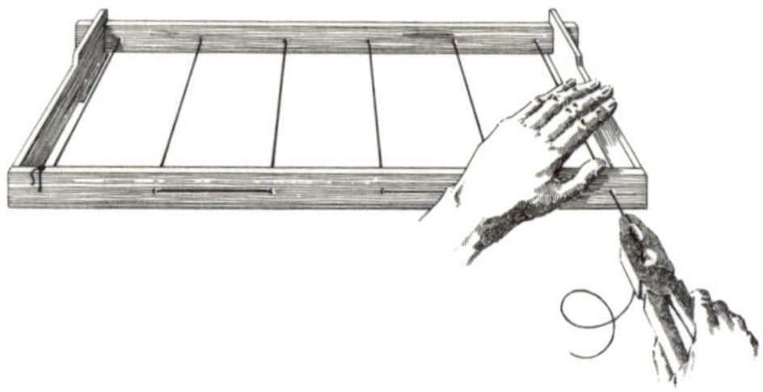

Drahten des Rähmchens: Den in das Rähmchen eingezogenen Draht mit Hilfe einer Kombizange spannen. Das Drahtende mittels Blaupinne am Rähmchenholz befestigen. Jetzt kann die Mittelwand mit Rillrädchen oder Transformator eingelötet werden.

Einlöten der Mittelwand

Zum Einlöten der Mittelwand in das Rähmchen brauchen Sie ein Holzbrettchen mit den Innenmaßen des Rähmchens und halb so stark wie das Rähmchen (Rähmchenstärke: 10 bis 12 mm; Stärke des Brettchens: 5 bis 6 mm).

Zum Einlöten benutzen Sie entweder ein Rillrädchen oder einen Transformator:

- Ein Rillrädchen ist ein bewegliches Zahnrad, dessen Zähne eine Einkerbung (Rille) haben (→ Zeichnung Seite 21). Legen Sie auf das Holzbrettchen eine Mittelwand, darauf ein gedrahtetes Rähmchen. Erwärmen Sie das Rillrädchen über einer Spiritusflamme, und bewegen Sie es auf dem Draht des Rähmchens entlang. Der Draht erwärmt sich, dadurch schmilzt das Wachs der Mittelwand und verbindet sich mit dem Draht.
- Bei mehr als zehn Völkern lohnt sich die Anschaffung eines Transformators (etwa 80 DM). Sie können dann die Mittelwand mit Niedervoltstrom ins Rähmchen einlöten: Legen Sie auf das Holzbrettchen zuerst das gedrahtete Rähmchen, darauf die Mittelwand. Halten Sie die beiden Stromführungskabel an die Köpfe der Blaupinnen, dadurch ist der Stromkreis geschlossen. Der Draht und damit das daraufliegende Wachs werden durch den Stromdurchfluß erwärmt. Durch ihr Eigengewicht drückt sich die Mittelwand in den Draht. Nach dem Erkalten des Drahtes sind Rähmchen und Mittelwand stabil miteinander verbunden. Der ganze Vorgang dauert nur einige Sekunden.

Wärmeisolierung und Frühjahrsfütterung

Bei Kaltwetterperioden haben es die Bienen besonders schwer, die Bruttemperatur konstant bei 35 °C zu halten. Bedenken Sie: Je mehr Wärme die Bienen selbst erzeugen müssen, desto kürzer leben sie. Also decken Sie die Bienenkästen mit Tüchern oder Decken und einer regenundurchlässigen Plane ab. Außerdem sollten Sie jeweils ein 10 bis 20 Zentimeter breites Brettchen, das bis zum Boden reicht, schräg an die Fluglöcher stellen. Dadurch erleichtern Sie den Bienen bei Regen die Rückkehr in den Stock.

Bei kaltem und regnerischem Wetter können die Bienen nicht auf Nahrungssuche gehen; sie haben für sich und die Brut unter Umständen nicht genügend Nahrung. Faustregel: Im Frühjahr müssen pro Volk mindestens vier bis fünf Futterwaben, zu zwei Dritteln gedeckelt und teilweise von Bienen besetzt, am Rande der Beute vorhanden sein. Das entspricht einem Futtervorrat von etwa 10 bis 12 Kilogramm. Sind nicht genügend Futterwaben vorhanden, können Sie die leeren Waben in der Nähe des Brutnestes entnehmen und dafür gedeckelte Futterwaben zuhängen, die Sie aus einem anderen Volk mit großem Nahrungsvorrat entnommen haben.
Sie können auch mit Futterteig (Apifonda®) oder Zuckerlösung nachfüttern. Wenn Sie festgestellt haben, wieviel Nahrung fehlt, bieten Sie die entsprechende Menge an (Futtermenge und Futtergeschirr → Seite 42/43).
Die Fütterung im Frühjahr ist gleichzeitig eine Reizfütterung. Stimulator für das Brutgeschehen sind aber nicht nur Nektar oder Futterteig, sondern auch Pollen. Sie sollten deshalb im Frühjahr Pollenersatzmittel (Höselhefe, Sojamehl) in einem Pollenhäuschen (»Vogelfutterhäuschen«) anbieten. Stellen Sie das Pollenhäuschen in der Nähe der Bienenstöcke an einem sonnigen Platz auf, und achten Sie darauf, daß der Abstand zwischen Dach und Futterfläche des Pollenhäuschens mindestens 20 bis 25 Zentimeter beträgt, damit die Bienen »höseln« (→ Seite 9) können.
Eine Reizfütterung darf aber erst nach der Stachelbeerblüte vorgenommen werden. Die Völker würden sonst ein zu großes Brutnest anlegen und könnten bei Kälteeinbrüchen die notwendige Bruttemperatur nicht mehr aufrechterhalten; die unterkühlte Brut würde absterben, die überanstrengten Bienen krankheitsanfällig werden und vorzeitig sterben.

Baurahmen ausschneiden

Ein gutes Volk wird im April beginnen, das Baurähmchen (→ Seite 19) zu besetzen. Baubienen hängen als Traube an der oberen Querleiste, schwitzen Wachs (→ Seite 5) und bauen daraus Waben. Sie beginnen meist an mehreren Stellen mit Wabenansätzen in Herzform und bauen die Teilstücke später zu einer Wabe nahtlos zusammen. In der aufsteigenden Phase (→ Zeichnung Seite 46), also bis zur Sonnenwende, produzieren die Bienen überwiegend Drohnenzellen, da für die Begattung der Jungkönigin im Juni oder Juli (→ Seite 7) Drohnen herangezogen werden müssen. Sobald die Bautätigkeit der Bienen am Baurähmchen nachläßt und Weiselzellen angeblasen werden, besteht Schwarmgefahr. Das Baurähmchen sagt Ihnen also, in welcher Stimmung sich das Volk befindet. Immer wenn das Baurähmchen ausgebaut ist, müssen Sie es ausschneiden (mit einem scharfen Messer am Innenrand des Rahmens entlangfahren), damit die Bienen es wieder bebauen können und Sie die Stimmung des Volkes erkennen können.
Legen sie die ausgeschnittene Wabe für einige Tage in den Garten, Vögel picken gern die Maden heraus. Das Wachs können Sie im Sonnenwachsschmelzer (→ Zeichnung Seite 42) einschmelzen und im Fachhandel gegen Mittelwände eintauschen, oder Sie können es aufheben und im Winter zum Beispiel Bienenwachskerzen daraus herstellen.

Schwarmverhinderungsmaßnahmen

Da bei aufkommender Schwarmstimmung (April bis Juli; → Seite 7) die Brut- und Sammeltätigkeit der Bienen nachläßt und durch das Schwärmen ein Teil der Honigernte verlorengehen würde, müssen Sie versuchen, entweder den Schwarmtrieb nicht erst aufkommen zu lassen oder das Schwärmen zu verhindern. Die dafür notwendigen Maßnahmen sind die wichtigsten Tätigkeiten des Imkers, der ja eine möglichst große Honigausbeute erwirtschaften möchte.

Erweitern
Sobald das Volk alle Waben im Brutraum besetzt hat und noch Platz vorhanden ist, muß erweitert werden. Dazu hängen oder stellen Sie eine eingelötete Mittelwand (→ Seite 24) oder eine Leerwabe seitlich an das Brutnest. Ab Juni können Sie die Erweiterungswabe auch in das Brutnest hängen. Dieser Vorgang wird so oft wiederholt, bis der Brutraum voll ist. Beim Einhängen von Mittelwänden sollten Sie jedesmal die ältesten Brutwaben nach außen verschieben. Wenn die Brut ausgelaufen ist, können die Waben noch im Honigraum verwendet und nach Beendigung der Bienensaison ausgeschnitten werden (→ Krankheitsvorsorge, Seite 57).

Honigraumfreigabe
Vom Mai, in wärmeren Gebieten (zum Beispiel Donau-, Rhein-, Neckartal) schon vom April an, sollten Sie bei jedem Volk eine gründliche Nachschau halten und dabei prüfen, wie stark das Volk ist, ob das Brutnest geschlossen ist und ob Krankheitsanzeichen (→ Seite 57) erkennbar sind. Bei einem normal entwickelten Volk werden Anfang Mai, in wärmeren Gebieten auch früher, gut drei Viertel der Waben

Oben: Mit Blätterbeuten besetzter Bienenstand, in kleinen Ablegerkästen (neben den Beuten, rechts) werden Königinnen herangezogen. ▷
Unten: Zerlegbarer Wanderstand mit farbig markierten Fluglöchern.

voller Brut sein und die Bienen als Traube unter den Waben durchhängen. Dann können Sie den Honigraum freigeben.
Beim Magazin stellen Sie eine leere Zarge, ein Absperrgitter (→ Zeichnung Seite 16), einen Zusetzkäfig (kleiner Käfig aus Holz oder Kunststoff, → Zeichnung Seite 32 und 33), ein Königinnenfangglas (→ Zeichnung Seite 33), ein oder zwei eingelötete Mittelwände (→ Seite 24) und acht, neun Leerwaben bereit.
Für die Arbeit an Blätterbeuten brauchen Sie ebenfalls ein bis zwei eingelötete Mittelwände und acht bis neun Leerwaben, einen Zusetzkäfig und ein Königinnenfangglas. Während Sie die notwendigen Arbeiten ausführen, sollten Sie zur Beruhigung der Bienen ab und zu etwas Rauch blasen (→ Seite 65).
Die im folgenden geschilderten Arbeitsschritte werden an Magazin und Blätterstock in gleicher Weise ausgeführt:
Damit der Königin bei den Arbeiten nichts passiert, wird sie vorübergehend »in Schutzhaft genommen«. Suchen Sie die Waben des Brutraums systematisch nach der Königin ab. Ist sie gefunden, stülpen Sie das bauchige Ende des Königinnenfangglases über die Königin, die in das Glasröhrchen krabbelt. Nehmen Sie den Verschlußpropfen des Zusetzkäfigs ab, setzen Sie das bauchige Ende des Fangglases auf die Öffnung des Käfigs, und blasen Sie die Königin in den Käfig, der danach wieder mit dem dazugehörigen Pfropfen verschlossen wird. Erfahrene Imker greifen – mit ruhiger Hand – die Königin vorsichtig mit zwei Fingern an den Flügeln und lassen sie in den Käfig hineinlaufen.
Befestigen Sie den Zusetzkäfig mit Draht gut sichtbar auf einer Brutraumwabe, und stellen Sie diese Wabe wieder in den Brutraum zurück. Dann kommen zwei bis drei andere Brutwaben vom Brutraum in die Honigraumzarge (Magazin) oder in den Honigraum (Blätterstock).
Wenn Sie die Königin nicht finden, müssen die Brutwaben, die für den Honigraum bestimmt sind, mit dem Abkehrbesen oder einer großen Gänsefeder abgekehrt werden. Dazu halten Sie die Wabe über die Brutraumzarge (Magazin) oder das Anhängebrett (Blätterstock).
Zu den Waben im Brutraum hängen (Magazin) oder stellen (Blätterstock) Sie seitlich ein bis zwei Mittelwände und eine Leerwabe. Ist der Brutraum mit Waben wieder voll besetzt, lassen Sie die Königin frei. Beim Magazin legen Sie dann das Absperrgitter auf die Brutraumzarge und stellen darauf die neue Zarge als Honigraum, in den noch sieben bis acht Leerwaben gehängt werden.
Beim Blätterstock füllen Sie den Honigraum mit den bereitgestellten Leerwaben auf, setzen das Honigraum- und das Brutraumfenster mit Baurähmchen ein und bringen die Wärmekissen wieder an. Durch die Honigraumfreigabe haben die Bienen wieder Platz, um sich ungehindert weiter entwickeln zu können – die Schwarmgefahr ist fürs erste gebannt.

Die Schröpfmethode

Da sich das Volk stark vermehrt – täglich schlüpfen 1000 bis 2000 Bienen –, müssen Sie eine weitere Schwarmverhinderungsmaßnahme anwenden. Bei der Durchschau der Völker entnehmen Sie dem Brutraum ein bis zwei gedeckelte, mit Bienen besetzte Brutwaben (ohne Königin) und ersetzen sie durch Leerwaben oder Mittelwände. Die entnommenen Waben können Sie einem schwächeren gesunden Volk

◁ Oben links: Entnahme einer Honigwabe aus dem Magazin, zur Beruhigung der Bienen wird etwas Rauch geblasen. Rechts: Abheben der Wachsdeckelchen von den Honigzellen mit der Entdeckelungsgabel.
Unten links: Geöffnete Honigschleuder. Rechts: Der Honig läuft durch den Quetschhahn der Schleuder in den Unterstellkübel mit Doppelsieb.

zuhängen oder zur Bildung von Ablegern (→ Seite 34) nutzen.
Auf diese Weise schröpfen Sie das Volk um 5000 bis 10000 Bienen. Dadurch ist wieder genügend Raum für das Brutgeschäft vorhanden. Sie können die Schröpfmethode nach jeweils acht bis vierzehn Tagen ein weiteres Mal anwenden, jedoch nicht häufiger als dreimal. Mit dieser Methode läßt sich bei 80 Prozent der Völker das Schwärmen verhindern. Voraussetzung für den Erfolg ist allerdings, daß die Schröpfmethode angewandt wird, bevor die Bienen Weiselzellen pflegen, also bevor die Maden in den Weiselzellen auf Futtersaft schwimmen.
Sobald Sie bei Ihrer Durchschau der Beuten im Baurähmchen oder am Rande der Brutwagen in Pflege befindliche Weiselzellen entdecken, müssen Sie versuchen, dem Schwärmen durch Schwarmvorwegnahme (→ unten), Königin-Ableger (→ nächste Spalte), Kunstschwarm (→ Seite 34) oder Brutableger (→ Seite 34) zuvorzukommen.

Schwarmvorwegnahme
Bei gestapelten Blätterstöcken ist diese Methode schwieriger anzuwenden als bei nebeneinanderstehenden Blätterstöcken und Magazinen, da alle Brutwaben des schwarmlustigen Volkes in eine andere Beute umgehängt werden müßten. Die folgende Beschreibung bezieht sich auf nebeneinanderstehende Beuten.
Den Bienenkasten mit dem schwarmlustigen Volk stellen Sie auf einen anderen Platz, der mindestens einen Meter vom alten Standort entfernt sein sollte. Auf den alten Standort stellen Sie einen leeren Bienenkasten, der mit eingelöteten Mittelwänden und Leerwaben gefüllt ist – beim Blätterstock wird nur der Brutraum mit Waben aufgefüllt –, in der Mitte muß noch für eine Wabe Platz sein. Dem weggestellten Bienenkasten entnehmen Sie die Brutwabe, auf der sich die Königin befindet, und hängen sie mit Bienen und Königin in die Mitte des neuen Bienenkastens. Kehren Sie danach ungefähr die Hälfte der Bienen aus dem Brutraum des weggestellten Volkes in den neuen Bienenkasten ab.
Zum neuen Volk gesellen sich im Laufe des Tages noch die Flugbienen, die sich auf den alten Standort eingeflogen haben. Dieses neue Volk – der vorweggenommene Schwarm – wird Ihnen genausoviel Honig liefern wie ein normales Volk. Die Weiselzellen im Restvolk verwenden Sie – bis auf zwei – für die Königinnenzucht (→ Seite 32); werden sie dafür nicht gebraucht, sollten die Weiselzellen ausgebrochen und zerdrückt werden. Schlüpfen die beiden Königinnen, tötet die stärkere die schwächere und paart sich (→ Seite 7). Das Restvolk erholt sich schnell, da aus den zurückgelassenen Brutwaben ständig Jungbienen schlüpfen und die begattete Jungkönigin bald mit der Eiablage beginnt.

Königin-Ableger
Eine weitere Möglichkeit, das Schwärmen zu verhindern bei bereits in Pflege befindlichen Weiselzellen, ist die Bildung eines Königin-Ablegers.
Stellen Sie sich eine leere Zarge (Blätterstock) und einen Zusetz- oder Schlüpfkäfig bereit (→ Seite 32 und 33). Suchen Sie die Königin und sperren Sie sie in den Käfig, den Sie mit Wabendraht oder einem Gummiring an einer Brutwabe befestigen. Die Wabe samt Käfig hängen (schieben) Sie in die leere Zarge (Brutraum des Blätterstocks). Danach entnehmen Sie dem schwarmlustigen Volk zwei bis drei Brutwaben, deren Weiselzellen Sie ausbrechen müssen. Diese Brutwaben kommen in die neue Zarge (Brutraum des Blätterstocks). Kehren Sie die Bienen von zwei bis drei weiteren Brutwaben ebenfalls zum Ableger. Danach lassen Sie die Königin aus dem Käfig auslaufen.

Wenn Sie mit Magazinbeuten arbeiten, legen Sie auf die neue Zarge einen Deckel. Arbeiten Sie mit Blätterstöcken, legen Sie in den leeren Honigraum der neuen Beute Wärmekissen, und engen Sie das Flugloch mit Hilfe von zusammengeknülltem Papier auf ein Viertel der ursprünglichen Größe ein. Bringen Sie den Ableger an den neuen Standort. Nach und nach müssen Sie den Brutraum durch Erweiterung mit Leerwaben der Volksstärke anpassen. Bei regelmäßiger Fütterung (täglich einen Viertel Liter Zuckerwasserlösung, 1:1, oder einmal wöchentlich ein Kilogramm Futterteig) wird sich der Ableger bis zum Herbst zu einem vollwertigen Volk entwickeln.
Auch die Weiselzellen auf allen Brutwaben im Altvolk müssen Sie ausbrechen. Damit Sie keine Weiselzelle übersehen, kehren Sie die Bienen von jeder einzelnen Wabe in die Beute ab, bevor Sie die Wabe prüfen.
Die Bienen setzen nach dem Ausbrechen der vorhandenen sofort wieder neue Weiselzellen an, die Sie – bis auf eine oder zwei – nach neun Tagen ebenfalls ausbrechen. Dabei dürfen Sie die Wabe mit Weiselzellen nicht stoßen, weil sonst die Made vom Futtersaft fällt (→ Foto Seite 38) und stirbt. Nach drei Wochen sollten Sie prüfen, ob sich eine junge Königin, die schon mit der Eiablage begonnen hat, im Volk befindet.
Finden Sie weder Königin noch Eier, müssen Sie die **Weiselprobe** machen: Hängen Sie ein kleines Eistück (ein aus der Wabe eines anderen Volkes ausgeschnittenes Stück, in dessen Zellen sich Eier oder bis zu drei Tage alte Maden befinden) oder eine ganze Wabe mit Eiern oder jüngster Brut in das Volk. Die Wabe wird mit einem Reißnagel gekennzeichnet. Hat das Volk tatsächlich keine Königin, wird es darauf Weiselzellen anblasen.
Ist dies der Fall, hängen Sie einen kleinen Ableger mit begatteter Königin (→ Seite 34), den Sie immer in Reserve haben sollten, dem Volk zu. Die Eiwabe mit den angeblasenen Weiselzellen muß vorher entfernt werden.
Es gibt noch zwei weitere Methoden der Schwarmverhinderung: Die Bildung von Kunstschwarm und Brutableger. Da aber bei diesen Methoden begattete Königinnen gebraucht werden, beschreibe ich sie erst im Anschluß an das Kapitel »Königinnenzucht« (→ Seite 32).

Behandlung eines Schwarms

Trotz aller Verhinderungsmaßnahmen wird das eine oder andere Volk schwärmen (→ Seite 7). Wenn Sie den Schwarm gefunden haben – meist hängt er am Ast eines in der Nähe stehenden Baumes – und wissen wollen, aus welchem Volk der Schwarm stammt, bestäuben Sie die Schwarmtraube mit etwas Mehl (Mehlprobe). Einige dieser »weißen« Bienen fliegen in das Stammvolk zurück, das Sie auf einen anderen Platz stellen.
Feuchten Sie den Schwarm rundherum mit einem Wasserzerstäuber an. Vorsicht: Wenn Sie das nicht vom Boden aus tun können, weil der Schwarm zu hoch hängt, achten Sie auf sicheren Stand der benutzten Leiter.
Halten Sie unter den Schwarm eine Schwarmfangkiste oder einen Korb (Fachhandel) – wenn es nicht regnet, genügt auch ein stabiler Pappkarton. Durch Schütteln des Astes oder – wenn dieser zu stark ist – durch Abkehren der Bienen vom Ast fällt der größte Teil der Schwarmtraube in den Auffangbehälter. Lassen Sie den Behälter mit den Bienen auf einem Hocker oder einer Trittleiter unter dem Ast stehen, an dem der Schwarm hing.
Bis zum Abend sind alle Bienen in den Fangbehälter eingezogen, so daß Sie den Schwarm in eine neue Beute einschlagen können: Beim Magazin entnehmen Sie einige Waben, schlagen die Bienen von oben ein (→ Seite 23) und hängen die entnommenen Waben wieder zu.

An die geöffnete Rückseite des Blätterstocks hängen Sie das Anhängebrett und befördern die Bienen mit einem kräftigen Schlag auf den umgedrehten Schwarmfangbehälter auf das Anhängebrett. Sie laufen sofort in die neue Beute ein. Den Schwarm stellen Sie auf den alten Standort des Stammvolkes, aus dem der Schwarm ausgezogen war.

Königinnenzucht

Bei der Bildung eines Kunstschwarms (→ Seite 34), eines Brutablegers (→ Seite 34) oder zur Umweiselung eines Altvolks (→ Seite 35) benötigen Sie junge Königinnen; ziehen Sie deshalb in den Monaten Juni und Juli einige Weiseln auf. Dazu brauchen Sie einen Feglingskasten (Holzkiste mit Schlitz im Deckel, in den ein Trichter eingesetzt wird), ein Leerrähmchen, das mit drei Längsleisten in der Mitte des Rähmchens so präpariert wird, daß ein langes Fach entsteht, und pro Königin einen Schlüpfkäfig (→ linke Spalte) sowie einen »Kirchhainer Begattungskasten« (KBK) oder ein »Ein-Waben-Kästchen« (EWK) – kleine Kästchen aus Styropor oder Holz.

Die gedeckelten Weiselzellen werden zwei bis drei Tage vor dem Schlüpfen der Königinnen (Entwicklungszeit vom Ei zum fertigen Insekt: 18 Tage) einzeln in Schlüpfkäfige gesetzt (»verschult«); als Notfutter wird etwas Honig in die dafür vorgesehene Vertiefung getropft. So präpariert stellen Sie die Schlüpfkäfige nebeneinander in das Fach des Leerrähmchens, das Sie im Honigraum unterbringen.

Nach dem Schlüpfen der Weiseln werden etwa so viele Jungbienen, wie ein 500-Gramm-Honigglas fassen kann, von vollbesetzten Waben (aus einem oder mehreren Völkern) in den Trichter des Feglingskastens abgekehrt. Sie müssen dabei langsam arbeiten, damit die älteren Bienen abfliegen können.

Dann füllen Sie jeweils ein Honigglas mit den Bienen aus dem Feglingskasten und schütten sie in ein Begattungskästchen (KBK, EWK). Schließen Sie die Deckel und die Fluglöcher der Begattungskästchen, und lassen Sie nach etwa einer Stunde die Königinnen durch die Fluglöcher einlaufen. Die Kästchen werden für zwei Tage an einen kühlen, dunklen Raum (Keller) gebracht, der gut belüftet sein muß. Am Abend stellen Sie dann die Kästchen ins Freie und öffnen die Fluglöcher. Innerhalb der nächsten 14 Tage werden die Jungköniginnen begattet und gehen dann in Eilage. Die Weiseln sind einsatzbereit.

Wenn Sie einen Kirchhainer Begattungskasten benutzen, können Sie das entweiselte Kästchen nach zwei bis drei Tagen wieder mit einer Wei-

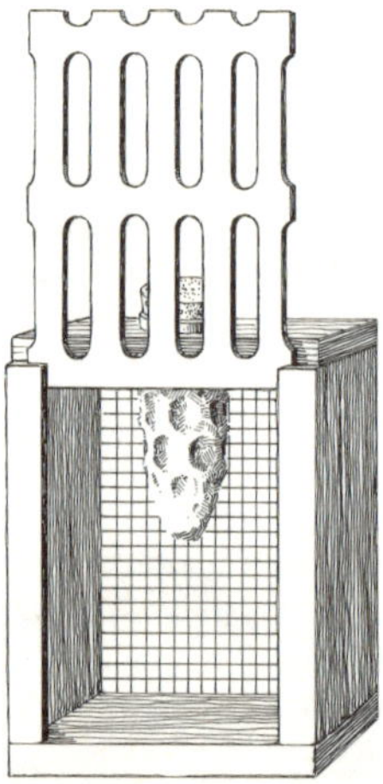

Schlüpfkäfig mit Weiselzelle. Die Weiselzelle wird in den Käfig gesteckt, dessen eine Seite aus einem hochziehbaren Absperrgitter besteht. Durch die Zwischenräume können Ammenbienen krabbeln, um die geschlüpfte Königin zu füttern. Die Jungkönigin paßt nicht durchs Gitter, kann also nicht entkommen. – Ein Schlüpfkäfig kann auch zum Aufbewahren der Königin (Schutzhaft) verwendet werden.

selzelle oder einer unbegatteten Königin besetzen: Dadurch ersparen Sie sich Bienen und Arbeit. Die Bienen im Einwabenkästchen können nur einmal benutzt werden.

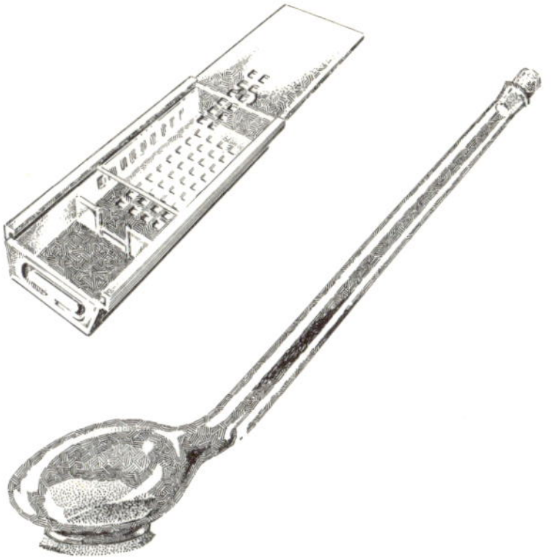

Versand- und Zusetzkäfig (oben). Vor dem Zusetzen der Königin wird das vorgestanzte Kläppchen an einer Schmalseite ausgebrochen. In die größere der beiden Kammern kommt die Königin mit einigen Begleitbienen, die kleinere Kammer wird mit Futterteig gefüllt. So können Königinnen in Briefumschlägen verschickt werden. Der schmale Käfig paßt in jede Wabengasse.
Königinnenfangglas (unten). Das bauchige Ende des Glases über die auf der Wabe sitzende Königin stülpen. Sobald sie im Glas ist, die Öffnung mit einem Stückchen Schaumstoff verschließen. Soll die Königin in Schutzhaft verbracht werden: das Glas auf den geöffneten Käfig setzen, den Schaumstoff entfernen und die Königin in den Käfig blasen.

Zeichnen der Königin

Um das Auffinden der Königin zu erleichtern und das Alter bestimmen zu können, werden die Königinnen, sobald sie begattet sind, mit fünf verschiedenen Jahresfarben gezeichnet. Zeichensets mit allem Zubehör (farbige Opalithplättchen, auch numeriert von 1 bis 99, und Leim) gibt es im Fachhandel.
Als Imker-Neuling sollten Sie das Zeichnen der Königin mit Hilfe eines Zeichenröhrchens vornehmen (im Fachhandel für 5 bis 6 DM erhältlich). In dieses Röhrchen setzen Sie die Königin, die Sie mit dem beweglichen Schieber vorsichtig an das grobmaschige Netz am Ende des Röhrchens drücken. Durch eine Masche des Netzes betupfen Sie den Brustkorb der Königin mit einem winzigen Tropfen Leim. Mit einem leicht angefeuchteten Streichholz nehmen Sie ein Opalithplättchen (farbiges Kunststoffplättchen) auf und drücken es leicht auf den Brustkorb der Königin (→ Zeichnung Seite 34).
Wenn Sie das Zeichnen an Drohnen probieren, die nicht stechen und etwas größer sind, werden Sie bald so sicher werden, daß Sie die Königin zum Zeichnen zwischen zwei Fingern halten können. Die Jahresfarben der Plättchen – in stets gleicher Reihenfolge – sind international einheitlich:

1986	1987	1988	1989	1990	1991...
weiß	gelb	rot	grün	blau	weiß...

Flügelstutzen bei der Königin

Sobald die Königinnen begattet sind, sollten Sie ihnen jeweils einen Flügel mit einer scharfen Nagelschere auf ein Drittel bis die Hälfte der ursprünglichen Länge stutzen. Das ist vor allem dann wichtig, wenn Sie Ihren Stand nicht beaufsichtigen können: Zieht der Schwarm aus, kann die Königin nur wenige Meter fliegen und fällt dann ins Gras; eine Handvoll Bienen beschützt sie, der Schwarm kehrt ohne Königin wieder ins Volk zurück, und Sie finden die Königin mit ihren Beschützerinnen noch nach Tagen. Ist sie gezeichnet – am besten mit einem Opalithplättchen, das numeriert ist – wissen Sie, welchem Volk sie entstammt.

Zusetzen einer Königin im Kunstschwarm

Die Bildung eines Kunstschwarms (Feglings) ist auch eine empfehlenswerte Schwarmverhinderungsmethode, wenn der Wald nicht honigt (→ Seite 9).
Sie brauchen dazu einen Ruck-Zuck-Kasten, das ist ein Feglingskasten, an dessen Deckelinnenseite ein Schlüpfkäfig mit Königin befestigt wird. In den Trichter des Kastens werden etwa 15 000 (1,5 Kilogramm) Bienen – ohne Königin – von gut besetzten Brut- und Honigraumwaben abgekehrt. Die Bienen ziehen sich als Schwarmtraube zusammen.
Stellen Sie die Kiste in den Keller und setzen Sie einen Futterbehälter, zum Beispiel ein Glas, gefüllt mit einem halben Liter Zuckerlösung (Mischungsverhältnis 1:1, auf einen Liter Wasser kommt also ein Kilogramm Zucker) und mit einem Leinenlappen zugebunden, umgedreht auf das Spundloch der Kiste. Durch das Stoffgewebe kann keine Zuckerlösung in die Kiste tropfen, die Bienen aber können durch das Leinen genügend Nahrung entnehmen.
Nach zwei Tagen schlagen Sie den Kunstschwarm in eine neue Beute ein. Den Pfropfen des Schlüpfkäfigs ersetzen Sie durch einen Futterteigverschluß. Dazu verwenden Sie entweder ein taubeneigroßes Stück Apifonda® oder einen Pfropfen, den Sie sich aus Futterteig (Honig und Puderzucker im Verhältnis 1:3) herstellen. Hängen Sie den Käfig mit der Königin zwischen zwei Waben. Die Bienen verzehren den Futterteig, die Königin ist frei.
Ist keine Tracht, muß der Kunstschwarm alle zwei bis drei Tage mit einem halben Liter Zukkerwasser (Verhältnis 1:1) oder wöchentlich mit einem Kilogramm Futterteig gefüttert werden (→ Seite 43).

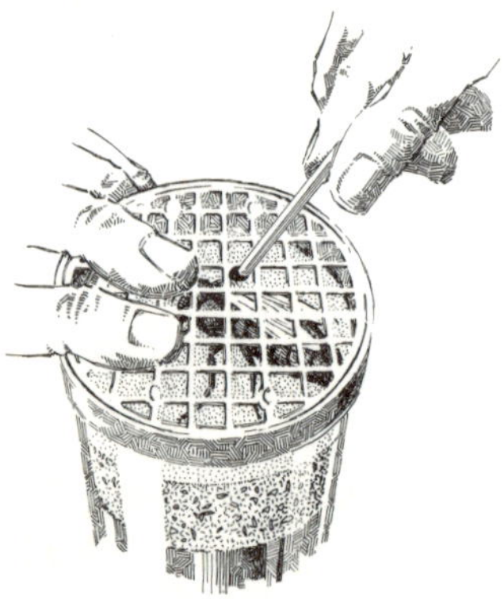

Königinnenzeichengerät. Die Königin mit Hilfe des Schaumstoffs-Schiebers vorsichtig an das Stoffgitter des Gerätes schieben, bis sie sich nicht mehr bewegen kann. Durch das Gitter etwas Leim auf den Brustkorb der Königin geben und ein Opalithplättchen in der Jahresfarbe aufkleben.

Zusetzen im Brutableger

Auch der Brutableger ist eine gute Methode der Schwarmverhinderung. Sie brauchen dazu neben einer Königin im Schlüpfkäfig eine Leerzarge (Magazinbeute) oder einen Ablegerkasten (Blätterstock), eine Futterwabe aus einem anderen Volk, also eine Wabe ohne Brut, deren Zellen zum großen Teil mit Honig gefüllt sind, außerdem eine eingelötete Mittelwand und eine Leerwabe.
Sie entnehmen vormittags bei Flugwetter einem gut entwickelten Volk zwei bis drei Brutwaben ohne Königin, stellen diese Waben zusammen mit der Futterwabe, der Mittelwand und der mit etwas Wasser besprühten Leerwabe in die Leerzarge oder den Ablegerkasten. Der Schlüpfkäfig mit der Königin wird abends zwischen zwei Brutwaben gehängt. Nach 24 Stunden ersetzen Sie den Pfropfen des Schlüpfkäfigs durch einen Futterteigverschluß; die Königin wird von den Bienen »ausgefressen«. Wenn Sie

mit Ablegerkasten arbeiten, muß der Ableger nach drei bis vier Wochen in eine Zarge oder Blätterbeute umgehängt werden.

Königinnenaustausch bei einem Altvolk

Wenn Sie im Altvolk umweiseln, also eine Königin austauschen wollen, darf keine Schwarmstimmung herrschen. Eine zugesetzte Königin würden die Bienen sofort abstechen. Gründe für die Umweiselung:

- Eine Königin sollte nicht älter werden als drei Jahre, sonst besteht die Gefahr, daß das Volk unterentwickelt bleibt. Eine alte Königin wird im August oder September erneuert.
- Wenn das Brutnest lückenhaft und klein bleibt, fehlt der Königin meist ein Hinter- oder Vorderbein; sie kann sich nicht mehr zur Eiablage am Zellenrand festhalten. In diesem Fall hilft nur die Umweiselung.
- Ist das Volk trotz pfleglicher Behandlung stechlustig, liegt es an den Erbanlagen der Königin. Auch dann schafft nur Umweiselung Abhilfe.

Es gibt mehrere Methoden, die Königin auszutauschen:

Umweiselung im neun Tage weisellosen Volk
Sie nehmen die Altkönigin mit zwei bis drei Brutwaben aus dem Volk und bilden mit ihr einen Ableger (→ Seite 30). Das weisellose Volk zieht Weiselzellen nach, die Sie nach neun Tagen ausbrechen. Nach drei bis vier Stunden wird das Volk unruhig, da während der neun Tage alle Zellen gedeckelt wurden und keine Möglichkeit mehr besteht, Königinnen nachzuziehen. Jetzt setzen Sie die neue Königin unter Futterteigverschluß (→ Seite 34) zu.
Im Herbst töten Sie die Altkönigin, indem Sie sie zum Beispiel auf dem Rähmchen mit dem Daumen zerdrücken (»abdrücken«). Mit den Brutwaben des Ablegers können schwache Völker verstärkt werden.
Bei der Umweiselung im neun Tage weisellosen Volk wird zwar die Königin fast immer angenommen, das Brutgeschäft wird aber für zehn bis zwölf Tage unterbrochen.

Schnelle Umweiselung
Die beiden, im folgenden beschriebenen weiteren Verfahren können nur vor und nach der Schwarmzeit angewendet werden.
Sperren Sie die Altkönigin in einen Schlüpfkäfig, den Sie zwischen zwei Brutwaben hängen. Am nächsten Tag vertauschen Sie die alte gegen die neue Königin, der Weiselkäfig bleibt am selben Platz. Wiederum einen Tag später ersetzen Sie den Verschlußpfropfen des Käfigs durch einen Futterteigverschluß.
Wollen Sie innerhalb eines Tages umweiseln, müssen Sie ein anderes Verfahren anwenden. Sie brauchen einen Aufsteckrahmen oder ein Aufsteckgitter; das ist ein kleiner Holzrahmen, in den ein Kunststoff- oder Drahtgitter eingespannt ist (Fachhandel).
Entfernen Sie die Altkönigin aus dem Volk. Von einer hellen Wabe mit schlüpfender Brut kehren Sie die Bienen ab und setzen die neue Königin darauf; drücken Sie den Gitterrahmen über der Königin so tief in das Wachs ein, daß zwischen Gitter und Wabe sechs bis acht Millimeter Zwischenraum bleiben. Auf dem Wabenstück unter dem Gitter sollten zwei Drittel der Bienen geschlüpft, die Zellen aber noch nicht wieder bestiftet sein. Außerdem müssen einige mit Honig gefüllte Zellen auf diesem Wabenstück sein. Die noch schlüpfenden Bienen pflegen bald die neue Königin, die mit der Eiablage beginnen kann. Die Bienen beißen dann für sich und die Königin ein Loch durch das Wachs und sind frei. Frühestens zehn Tage nach der Schnell-Umweiselung können Sie nachsehen, ob die Bienen die Königin angenommen haben, ob also Eier und jüngste Brut

vorhanden sind. Ist dies nicht der Fall, machen Sie die Weiselprobe (→ Seite 31). Diese Methode ist nicht so sicher wie die Umweiselung im neun Tage weisellosen Volk.

Reinpaarungen und instrumentelle Besamung

Reinpaarungen und instrumentelle Besamung werden zwar erst für den Imker mit einer größeren Völkerzahl und mehrjähriger Erfahrung interessant, ich möchte diese Zuchtmethoden aber trotzdem erwähnen, weil mit ihrer Hilfe die Reinerhaltung bestimmter Rassen und Linien gewährleistet wird.
Für Reinpaarungen werden von Züchtern oder Zuchtgemeinschaften Belegstellen eingerichtet. Windgeschützt, zum Beispiel auf einer Lichtung im Wald, werden einige Drohnenvölker aufgestellt und gefüttert. Im Umkreis von sechs bis sieben Kilometern werden nur Bienen der gleichen Rasse gehalten. Die Züchter liefern ihre Königinnen in Begattungskästchen mit kleinen Pflegebienenvölkchen an. Da nur Drohnen der gleichen Rasse fliegen, ist ein gutes Zuchtergebnis zu erwarten.
Die instrumentelle Besamung erfolgt unter dem Mikroskop mit Hilfe eines speziell dafür entwickelten Gerätes.

Honigernte

In Frühtrachtgebieten können Sie Anfang Juni den ersten Honig ernten, in Spättrachtgebieten meist zwei bis vier Wochen später.

Honigentnahme

Die beste Zeit für die Honigentnahme ist der Vormittag. Stellen Sie neben dem Bienenstock leere Zargen (Magazin) oder eine verschließbare Transportkiste (Blätterstock) mit Tüchern oder Brettchen zum Zudecken bereit. Entnehmen Sie dann aus dem Honigraum jene Waben, die ganz oder teilweise verdeckelt sind. Die auf den Waben sitzenden Bienen werden über dem offenen Volk oder dem Ansteckkasten abgekehrt, damit sie sofort wieder in ihr eigenes Volk fallen oder einlaufen können.
Weniger Mühe bereitet es, wenn Sie den Honigraum mit Hilfe einer Bienenflucht von Bienen freimachen: Wird der Honigraum durch ein Trennschied (Zwischenboden) vom Brutraum abgeteilt, sind die Bienen weisellos und suchen nach einer Möglichkeit, wieder zu ihrer Königin zu kommen. Eine kleine Öffnung im Trennschied erlaubt ihnen die Abwanderung zu ihr. Diese Öffnung ist aber mit einer Bienenflucht versehen, die durch kleine Sperren ein Zurückkommen der Bienen verhindert. So wird in zwei bis drei Stunden der Honigraum frei von Bienen. Allerdings muß alle Brut der bei der Honigraumfreigabe (→ Seite 26) in den Honigraum gehängten Brutwaben geschlüpft sein, sonst funktioniert es nicht. Diese Methode ist nicht nur für Sie weniger mühevoll als das Abkehren der Waben, sie ist auch für die Bienen die schonendere.
Ist die entnommene Honigwabe zu zwei Dritteln verdeckelt, wird sie in die bereitgestellte Transportkiste oder -zarge gestellt. Wenn Sie die Waben mit Honig offen stehenlassen, lok-

Oben: Futterweitergabe; Duft und Geschmack der Trachtpflanze werden von der abnehmenden Biene aufgenommen. Rund- oder Schwänzeltanz vervollständigt die Nachricht über die gefundene Futterquelle. ▷
Unten links: Biene mit Pollenhöschen an den Hinterbeinen. Rechts: Sterzelnde Biene; reguliert das Kleinklima durch Ventilieren und verbreitet dadurch den stockspezifischen Duft.

ken Sie nahrungssuchende Bienen der Umgebung an. Vor allem, wenn keine Tracht ist, können die schnell verständigten Völker eine wilde Rauferei um die Honigwaben veranstalten. Das würde nicht nur Ihre Arbeit erschweren und die Völker beunruhigen, sondern auch die Nachbarn empfindlich stören und überdies sicher verärgern, weil die Bienen an allen offenen und geschlossenen Fenstern ebenfalls suchen würden.

Ist die aus dem Honigraum entnommene Wabe nur teilweise verdeckelt, müssen Sie die Stoßprobe machen: Entweder Sie fassen die Wabe mit beiden Händen, jeweils links und rechts an der Seite, und bewegen sie kräftig nach unten, oder Sie halten die Wabe nur mit einer Hand fest und klopfen mit der anderen auf den Rahmen. Spritzt dabei Honig aus den noch offenen Zellen, kommt die Wabe wieder in den Honigraum, und Sie müssen mit der Schleuderung noch einige Tage warten.

Honiggewinnung

Die Schleuderung des Honigs wird in einem bienendichten Raum vorgenommen. Außer der Schleuder brauchen Sie Entdeckelungsgeschirr und Entdeckelungsgabel, das Honigdoppelsieb und den Honigkübel.

◁ Oben links: Etwa vier Tage alte Rundmaden in Futtersaft. Rechts: Neun Tage alte, voll entwickelte Rundmade, die von einer Ammenbiene gefüttert wird.
Unten links: Voll entwickelte Biene schlüpft nach 21 Tagen, sie zernagt den Zelldeckel und krabbelt aus der Zelle. Rechts: Schlüpfen einer Königin, am Vorderfuß sind deutlich die Haken zu erkennen, mit deren Hilfe sie sich später an die Zellränder klammert; so kann sie zur Eiablage den Hinterleib in die Zelle senken.

Beim Schleudern tragen Sie einen sauberen, möglichst weißen Kittel und eine Kopfbedekkung. Sie dürfen bei dieser Arbeit nicht rauchen – Honig ist ein Lebensmittel von hoher Qualität. Daß Sie auch keine Haustiere in den Schleuderraum lassen dürfen, sollte selbstverständlich sein.

Zunächst entfernen Sie auf dem Entdeckelungsgeschirr mit Hilfe der Entdeckelungsgabel die kleinen Wachsdeckelchen von den Honigzellen (→ Foto Seite 28). Die auf beiden Seiten entdeckelte Wabe stellen Sie in den Korb der Honigschleuder. Achten Sie darauf, daß die Wabenunterkante bei der Drehung immer in Schleuderrichtung zeigt.

Eine beidseitig gedeckelte Honigwabe kann eineinhalb bis zwei Kilogramm Honig enthalten, ist also relativ schwer. Damit die Waben nicht zerbrechen, dürfen Sie den Schleuderkorb nur langsam in Bewegung setzen. Das kann von Hand oder mit einem Elektroantrieb geschehen. Ist ein Teil des Honigs aus der Wabe geschleudert, wenden Sie die Wabe und schleudern ihre andere Seite. Wieder langsam beginnend, erhöhen Sie nach einigen Minuten die Drehzahl. Schleudern Sie so lange, bis kein Honig mehr aus den Zellen kommt. Dann drehen Sie die Wabe nochmals um und schleudern – gleich mit erhöhter Drehzahl – auch die erste Seite leer.

Durch die Zentrifugalkraft wird der Honig aus den Zellen an die Korbwand geschleudert. Er sammelt sich am konischen Schleuderboden und läuft durch den Quetschhahn in das Doppelsieb. Durch ein grobes und ein feines Nirosta-Stahlgewebe, die Wachspartikelchen und Fremdkörper herausfiltern, läuft der Honig in den Kübel.

Um Wachsteilchen und Fremdkörper restlos zu entfernen, sollte der Honig noch in flüssigem Zustand, also gleich nach der Schleuderung, durch ein Seihtuch (feinmaschige Müllergaze, Fachhandel) gefiltert werden.

Lassen Sie den Honig dann ein bis zwei Tage bei Zimmertemperatur zur Klärung stehen. Die Luftbläschen im Honig steigen an die Oberfläche und bilden mit den bei der Filterung noch nicht erfaßten Wachspartikelchen eine Schaumschicht, die mit einem Löffel oder, besser noch, mit einem Teigschaber abgeschöpft wird.
Honig wird je nach Zusammensetzung und Herkunft schneller oder langsamer fest, er »kandiert«. Um eine gleichmäßige Kristallisation zu erreichen, muß er bewegt werden, ohne daß Luft eingerührt wird. Wird er nicht gerührt, bilden sich ungleich große Kristalle, die zwar die Qualität des Honigs nicht beeinflussen, aber sein Aussehen beeinträchtigen und ihn steinhart werden lassen. Meist kristallisiert der Honig von unten nach oben und von der Kübelwand nach innen.
Sobald der Honig trüb wird – durch die Bildung von Millionen kleinster Kristalle – rühren Sie ihn einige Tage lang täglich einmal fünf Minuten lang vorsichtig um. Benutzen Sie dabei einen Dreikantstab aus Buchen- oder Eichenholz (etwa fünf Zentimeter Kantenlänge und ein Meter Länge; Zeichnung → Seite 21). Damit man ihn gut greifen kann, wird das obere Drittel des Stabes rundgehobelt.
Ist Honig in mehreren Kübeln zu rühren, kann eine Bohrmaschine mit Vorsatzgetriebe (Fachhandel) und Honigrührer aus Metall verwendet werden. Durch das Getriebe ist die Umdrehungszahl erheblich herabgesetzt.
Bei Wald- und Tannenhonigen setzt die Kristallisation viel später ein, oft erst nach Monaten oder Jahren. Diese Honige brauchen deshalb nicht gerührt zu werden.

Abfüllen und Lagern des Honigs

Sie können den zum Verkauf bestimmten Honig entweder in größere Behälter (Eimer) oder gleich in Gläser abfüllen. Mitglieder des DIB (→ Seite 68) können ihren Honig in das (geschützte) Einheitsglas oder in Honigeimer mit Banderolen abfüllen. Auf jedem Etikett müssen der Name des Imkers und eine Überwachungsnummer vermerkt sein.
Durch Lagerung kristallisierter Honig muß vor der Abfüllung verflüssigt werden. Die Erwärmungstemperatur darf nicht über 40 °C liegen, da sonst die Qualität des Honigs stark leidet. Zur Verflüssigung können Sie den Honig in einen mit Temperaturregler ausgestatteten Wärmeschrank stellen (im Fachhandel für etwa 400 bis 500 DM kaufen oder selbst basteln). Sie können für diese Arbeit auch ein elektrisch beheizbares, ebenfalls mit Temperaturregler versehenes Tauchgerät verwenden (Fachhandel, etwa 500 DM), das direkt auf den festen Honig gestellt wird. Da leere Gläser und Eimer nur jeweils geringe Gewichtsunterschiede aufweisen, brauchen Sie zum Abfüllen mehrerer Gefäße das Gewicht eines Gefäßes auf einer geeichten Waage nur einmal einzustellen.
Der Honig sollte bis zum Verkauf in einem trockenen, kühlen Raum bei etwa 15 °C gelagert werden (Honigsorten → Seite 53).

Läppertracht und Lückenfütterung

Im Juli ist es für die Bienenvölker oft besonders schwierig, genügend Nahrung zu finden. In Frühtrachtgebieten wird das Nahrungsangebot immer spärlicher. In Spättrachtgebieten honigen (→ Seite 9) Weißtannen und Kiefern (Föhren) frühestens Mitte Juli.
Wenn die Bienen so viel Nahrung finden, daß nur ihr eigener Bedarf gedeckt ist, spricht man von einer Läppertracht. Dann wird zwar kein Honig in die Zellen der Honigraumwaben eingetragen, aber die Königin legt weiterhin Eier, das Bienenvolk bleibt gesund. Wenn die Völker auf einer Stockwaage stehen, können Sie kontrollieren, ob genügend Nahrung vorhanden ist: Bei Läppertracht zeigt sich weder eine Gewichtszunahme noch eine -abnahme.

Fehlt jegliche Tracht (Gewichtsabnahme!), muß gefüttert werden. Eine solche Fütterung nennt man Lückenfütterung. Zuvor müssen Sie den Honigraum abnehmen (schließen):

- Der Honigraum wird nicht benötigt, weil die Natur keine Nahrung mehr anbietet.
- Durch die Fütterung könnte Ersatzfutter in den Honigraum gelangen und den vielleicht noch zu erwartenden Honig verfälschen.
- Sollte die erhoffte Spättracht – bedingt durch ungünstige Witterung – nicht einsetzen, kann das Volk bereits jetzt das Herbst-Brutnest anlegen.

Bis wieder Tracht einsetzt, bieten Sie pro Volk entweder alle zwei Tage einen Viertel Liter Zuckerwasser an (Mischungsverhältnis 1:1), oder Sie füttern alle vierzehn Tage ein bis zwei Kilogramm Futterteig.
Sie können auch Honig-Wasser-Lösung (1:1 mischen, alle zwei Tage einen viertel Liter) füttern, dürfen aber nur Honig aus eigener Ernte verwenden – die Gefahr einer Krankheitsübertragung (Faulbrut) bei fremden, besonders ausländischen Honigsorten ist groß.
Außerdem müssen Sie Pollenersatzmittel (Höselhefe, Sojamehl) im Pollenhäuschen anbieten. Das ist besonders wichtig in Waldtrachtgebieten, in denen oft nicht genügend Sommer- und Herbstblüher für die Bienen erreichbar sind. (Ein Kilogramm Pollenersatzmittel reicht für drei bis vier Wochen.)
Da der dosierte Einsatz von Futtermitteln den Eindruck einer Läppertracht vermittelt und die Bienen dadurch zum Brüten angeregt werden, ist die Lückenfütterung auch als Reizfütterung zu verstehen. Setzt nochmals Tracht ein, muß der Honigraum wieder freigegeben werden (→ Seite 26).
In trachtlosen Zeiten besteht die Gefahr der Räuberei; Bienen aus anderen Völkern oder Nachbarständen können Ihre Bienenvölker vollkommen ausräubern. Beachten Sie deshalb folgendes:

- Weder Honig- noch Futterwaben offen stehenlassen.
- Die Durchsicht der Völker zügig vornehmen, Beuten nicht lange offenlassen.
- Kein Futter verschütten; wenn es doch passiert, selbst kleine Tropfen wegwischen.
- Fluglöcher um zwei Drittel verkleinern, bei Ablegern nur kleine Schlitze (1 × 2 cm) offenlassen; die Wächterbienen müssen das Flugloch gut besetzen können.
- Flüssigfütterung nur abends nach Flugeinstellung vornehmen.

Behandlung schwacher Völker

Sie dürfen schwache Völker auf keinen Fall einwintern, sie würden im Winter zugrunde gehen. Wenn Sie zwei schwache Völker mit einer guten und einer schlechten (zu alten, lädierten oder Stechlust vererbenden; → Seite 35) Königin haben, sollten Sie die beiden Völker im August vereinigen. Sie nehmen die schlechte Königin von der Wabe und drükken sie ab (→ Seite 35). Beim Magazin setzen Sie die Zarge mit dem entweiselten Volk auf oder unter die Zarge mit dem weiselrichtigen, dem Volk mit Königin. Im Blätterstock hängen Sie die Waben des weisellosen Volkes seitlich dem Volk mit Königin zu.
Haben Sie zwei schwache Völker mit schlechten Königinnen, werden beide Königinnen abgedrückt (→ Seite 35), mit den noch vorhandenen Brutwaben wird ein anderes, vielleicht nur mittelstarkes Volk mit guter Königin verstärkt.

Ordnen der Waben

Die Bienen besetzen im Herbst nur noch die mehrmals bebrüteten Waben. Deshalb müssen Sie im Juli oder August die Waben ordnen:

Entfernen Sie alle nicht bebrüteten hellen Waben und die nicht ausgebauten Mittelwände. Alte, mehrmals bebrütete Waben halten Sie einzeln gegen die Sonne oder eine helle Lampe und prüfen, ob Licht durchfällt. Jede schlüpfende Biene hinterläßt nämlich einen hauchdünnen Kokon in der Wabenzelle; wenn so viele Kokon-Schichten übereinanderliegen, daß kein Licht mehr durch die Wabe dringen kann, sind die Zellen für die Brut zu klein geworden. Dunkle (lichtundurchlässige) Waben schneiden Sie aus dem Rähmchen und schmelzen sie im Sonnenwachsschmelzer ein oder tauschen sie im Fachhandel gegen Mittelwände um. Helle (lichtdurchlässige) Waben bewahren Sie zusammen mit den Mittelwänden bis zum Frühjahr in Zargen oder im Wabenschrank auf.

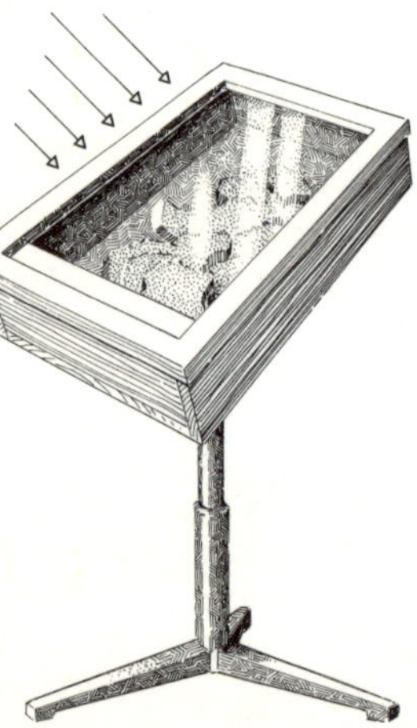

Im Sonnenwachsschmelzer werden unter Ausnutzung der Sonnenenergie Altwaben eingeschmolzen. Durch die Glasscheibe fallen Sonnenstrahlen ein (es entstehen Temperaturen von mehr als 80 °C), eine Schieferplatte im Boden des Gerätes speichert die Wärme. Das schon bei 65 °C schmelzende Wachs läuft in einen Auffangbehälter und erstarrt in der Nacht zu einem Wachsblock.

Eventuell vorhandene Drohnenwaben (Waben, die nur mit Drohnenzellen, → Seite 63, bebaut sind) müssen ebenfalls aus dem Volk genommen, dann ausgeschnitten und eingeschmolzen werden.

Reizfütterung und Auffütterung im Herbst

Für Imker in Frühtrachtgebieten ist es besonders wichtig, mit starken Völkern in den Winter zu gehen. Nur so können die überwinterten Bienen die Frühtracht des kommenden Frühjahrs ausnutzen und möglichst viel Honig sammeln. Von Ende Juli an ist in Frühtrachtgebieten nicht mehr mit einer Honigernte zu rechnen. Damit das Volk weiterbrütet, beginnen Sie, nachdem Sie den Honigraum abgenommen haben (→ Seite 41), mit der Reizfütterung. Es gibt drei Möglichkeiten: Entweder Sie geben bis Ende August alle zwei Tage einen viertel Liter Zuckerwasser (Mischungsverhältnis 1:1), legen Futterteig ein (alle vierzehn Tage ein Kilogramm) oder verfüttern Honig-Wasser-Lösung (alle zwei Tage einen viertel Liter, Mischungsverhältnis 1:1, nur Honig aus eigener Imkerei verwenden!) Wenn die Natur keinen Pollen anbietet, müssen Sie Ersatzmittel (→ Seite 25) bereitlegen.
In Spättrachtgebieten ist eine Reizfütterung meist nicht nötig, weil die Waldtracht normalerweise bis in den August hinein dauert. (Ist keine Tracht, muß natürlich die Reizfütterung eingeleitet werden.)
Was die Bienenvölker von August an durch Reizfütterung (Frühtrachtgebiet) oder natürliches Nahrungsangebot (Spättrachtgebiet) an Nektar, Honigtau und Pollen in den Stock eintragen, reicht als Wintervorrat bis zum kommenden Frühjahr nicht aus – Sie müssen also auffüttern.
Anfang September, in Lagen über 500 Meter Höhe zwei Wochen früher, beginnen Sie so-

wohl in Frühtracht- als auch in Spättrachtgebieten mit der Auffütterung (Einfütterung). Achtung: Waldhonig muß vor der Einfütterung geschleudert werden.
Dann müssen Sie feststellen, wieviel Futter fehlt. Man rechnet als Futterbedarf eines einräumig eingewinterten Volkes (Volk in einer Zarge oder im Brutraum des Blätterstocks) acht bis zehn Kilogramm, eines zweiräumig eingewinterten Volkes (ein Volk auf zwei Zargen oder in Brut- und Honigraum des Blätterstocks) etwa fünfzehn Kilogramm.
Schätzen Sie mit Hilfe der nachfolgenden Aufstellung den Futtervorrat, der bereits von den Bienen angelegt worden ist:

- Ein Stück Wabe (10 × 10 cm) hat einen Inhalt von etwa 330 g Futter oder Honig.
- Eine beidseitig gedeckelte Wabe im Normalmaß (Außenmaß 37 × 22,3 cm) hat einen Inhalt von etwa 2000 g Futter oder Honig.
- Eine beidseitig gedeckelte Wabe in Zandermaß (Außenmaß 42 × 22 cm) hat einen Inhalt von etwa 2500 g Futter oder Honig.

Die fehlende Futtermenge errechnen Sie aus der Differenz zwischen Futterbedarf (→ oben) und geschätztem Vorrat. Kalkulieren Sie aber bei der Fütterung mit Futterteig immer einen Gewichtsverlust von zehn Prozent ein. (Bienen müssen den Futterteig vor der Einlagerung in die Waben bearbeiten, wofür sie zusätzliche Energie, also Nahrung, benötigen.)
Beim Magazin nehmen Sie Abdeckung und Plastikfolie ab und legen eine passende Weichfaserplatte, in deren Mitte sich ein Loch von 80 Millimeter Durchmesser (»Spundloch«) befindet, auf die Waben. Der Futterteig wird auf das Loch gelegt und eine leere Zarge aufgesetzt. Sie können die Plastikfolie auch an einer Ecke zurückschlagen und den Futterteig auf die Folie legen, dann ist allerdings der Wärmeverlust größer.
Beim Blätterstock entfernen Sie Honigraumwaben und Absperrgitter, auf die Brutraumwaben legen Sie die Weichfaserplatte mit Spundloch, darauf den Futterteig.
Sie können auch mit Zucker-Wasser-Lösung im Verhältnis 3:2 füttern. In der folgenden Tabelle ist angegeben, wie Sie Zucker und Wasser richtig mischen:

Zucker	Wasser	Zucker-Wasser-Lösung
1 kg	0,7 l	1,2 kg
2 kg	1,3 l	2,4 kg
3 kg	2,0 l	3,6 kg
4 kg	2,7 l	4,8 kg
5 kg	3,3 l	6,0 kg

Zucker und Wasser werden miteinander vermischt, erwärmt (nicht gekocht!) und so lange gerührt, bis sich der Zucker vollständig aufgelöst hat. Flüssigfutter muß in Futtertrögen oder speziellen Futterbehältern gefüttert werden. Am gebräuchlichsten sowohl beim Magazin als auch beim Blätterstock sind 5-Liter-Futtereimer, deren Deckel aus feinem Bronzegewebe besteht. Die mit Zuckerlösung gefüllten, verschlossenen Eimer werden – Deckel nach unten – auf das Spundloch der Weichfaserplatte gestellt, die den Brutwaben aufliegt. Infolge Luftabschluß kann das Futter nicht auslaufen. Die Bienen holen sich die Zuckerlösung durch die feinen Zwischenräume des Bronzegewebes.
Auch der Thüringer Glas- oder Kunststoffballon mit einem viertel bis zwei Liter Inhalt ist als Futterbehälter noch in Gebrauch. Der Hals des Ballons wird mit Hilfe einer Haltevorrichtung, dem Futterteller, auf das Spundloch gestellt; es läuft nur so viel Nahrung nach, wie die Bienen entnehmen.
Für Magazinbeuten gibt es außer Futtereimer und -ballon zum Aufsetzen auf die Brutraumzarge Futtertröge als Schubkästen (Inhalt: fünf bis sechs Liter), die genau in den Unterboden passen.
Blätterstöcke können mit einem in die Seitenwand eingebauten Futtertrog (Inhalt: ein Liter) gekauft werden.

Täglich sollte ein Liter gefüttert werden. Das Futtergeschirr muß nach jeder Fütterung mit klarem, heißem Wasser gereinigt werden.
Ein Beispiel: Ein Volk auf zwei Zargen (zweiräumig) hat am 10. September einen geschätzten Futtervorrat von fünf Kilogramm. Bei einem Winterbedarf von fünfzehn Kilogramm fehlen also zehn Kilogramm Futter. Das Volk erhält noch neun Kilogramm Zucker, gelöst in sechs Liter Wasser, und bekommt somit 10,8 Kilogramm Winterfutter. Wenn Sie flüssig füttern, können Sie täglich pro Volk einen Liter oder wöchentlich fünf bis sechs Liter in die Futtergefäße geben.
Bei täglicher Fütterung ist der Arbeitsaufwand zwar größer, dafür legt die Königin aber mehr Eier. Bei Verwendung von Apifonda® – Fütterung mit Futterteig ist immer auch eine Reizfütterung – legen Sie zunächst ein halbes 15-Kilogramm-Paket auf das Spundloch. Je nach berechnetem Nahrungsbedarf der Bienen kann später die noch fehlende Futtermenge nachgereicht werden.
Gleichgültig, wie Sie füttern und ob Sie Früh- oder Spättrachtimker sind – die Fütterung sollte Mitte September beendet sein. Bienenvölker in Standorten über 500 m Höhe sollten schon Anfang September für den Winter fertig sein.
Wichtig: Bei einer letzten Nachschau müssen Sie prüfen, ob ausreichend Futter vorhanden ist. Alle von Bienen besetzten Waben müssen Ende September/Anfang Oktober mindestens zu zwei Dritteln gedeckelt, also voller Futter sein. Ist das nicht der Fall, müssen Sie schnellstens flüssig nachfüttern.

Letzte Vorbereitung für den Winter

Nach Abnahme und Reinigung der Futterbehälter sammeln Sie im Oktober die Stockkarten ein. An frostfreien Tagen mit nur geringem Flugbetrieb können im Freien aufgestellte Beuten mit Aidol oder Bondex (bienenunschädlich und geruchsfrei; Imkerfachhandel) neu gestrichen werden. Bei Magazinbeuten prüfen Sie, ob der Deckel dicht schließt. Abdichten können Sie, falls notwendig, mit einer am Zargenrand gut aufliegenden Klarsichtfolie oder mit Nesseltuch. Bei Blätterstöcken bringen Sie die Innen-Wärmeisolierung an und prüfen, ob das Fenster am Brutraum dicht schließt. Zugluft ist für die Bienen schädlich, für den Luftaustausch im Bienenstock genügt das Flugloch.
Im Freien stehende Beuten müssen Sie außerdem mit Welldachpappe abdecken, die mit Latten und Steinen beschwert oder durch Gummizüge gehalten wird. Um das Eindringen von Mäusen in den Bienenstock zu verhindern, müssen Sie Fluglochkeile mit 5-Millimeter-Schlitz oder Mäusegitter am Flugloch anbringen. Beides gibt es im Imkerfachhandel.
Im Herbst und Winter holen sich Vögel oft am Flugloch sitzende Bienen. Sie können vor den Fluglöchern Netze spannen (Fachhandel). Ich benutze keine Netze, da ich bisher noch nie von Vögeln verursachte Schäden feststellen konnte. Meist werden nur unterkühlte und damit geschwächte Bienen, die nicht mehr in die Beute kommen können, von Vögeln gefressen.

Arbeiten im Winter

In den Wintermonaten sollten Sie gelegentlich einen Kontrollgang machen. Öffnen Sie dabei aber auf keinen Fall die Bienenstöcke, sehen Sie nur nach, ob durch Stürme die Welldachpappe beschädigt oder die Mäusegitter gelokkert wurden. Etwaige Schäden müssen Sie sofort ausbessern. – Gehen Sie dabei leise vor und machen Sie keine Klopfgeräusche. Bei solchen Kontrollgängen werden Sie vor dem Flugloch viele tote Altbienen finden. Entfernen Sie vorsichtig – das Volk darf nicht gestört werden – die toten Bienen, von denen Sie einige in einer Streichholzschachtel an einem kühlen Ort aufbewahren. Lassen Sie diese Bienen sicherheitshalber bei der für Ihren Bereich zuständigen Untersuchungsstelle (beim Imkerverein zu erfragen) auf Akariose und Nosema (→ Seite 57) untersuchen.

Der Winter ist die beste Zeit für die Neuanfertigung von Bienenkästen und Rähmchen (→ Seite 24). Außerdem können Sie Reparaturarbeiten am Beutenzubehör ausführen, das im Winter nicht benutzt wird.

Sie sollten jetzt auch die Eintragungen in die Stockkarten vom vergangenen Jahr zusammenstellen und auswerten. So können Sie Entwicklung und Erträge Ihrer einzelnen Völker gut miteinander vergleichen. Eine Kostenrechnung (Ausgaben und Einnahmen) sagt Ihnen, ob und wieviel Gewinn Sie gemacht haben.

Wenn Ihre Bienenkästen in einem Bienenhaus untergebracht sind, decken Sie sie im Februar mit Tüchern und Decken ab. Denn mit den ersten warmen Tagen im März beginnen die Bienen Nektar und Pollen (Weidenblüte!) zu sammeln und legen ein Brutnest an. Damit sie auch an kalten Tagen die Bruttemperatur von 35 °C aufrechterhalten können, ist eine Wärmeisolierung nötig. Sie wird erst wieder entfernt bei der Honigraumfreigabe.

Frühjahrsarbeiten

Im März erfolgt, sobald die Witterung es zuläßt, die erste Nachschau:

Prüfen Sie, ob das Volk weiselrichtig ist. Merkmale des weisellosen Volkes: unruhiges Brausen, Kotflecken am Flugloch und das Fehlen von Brut. In diesem Fall hilft nur die Vereinigung mit einem weiselrichtigen Volk (→ Seite 41).

Ist das Volk schwach, die Wintertraube also nur etwa faustgroß, und sind die Waben voller Kotspritzer, muß das Volk abgeschwefelt werden. Die wenigen kranken Bienen haben allein nicht die Kraft zu überleben und würden bei einer Vereinigung ein gesundes Volk gefährden. Zünden Sie in der Beute ein Stück Schwefelschnitte (Fachhandel) an, und verschließen Sie Deckel oder Tür und Flugloch. Die Schwefelgase töten das kranke Volk sehr schnell.

Sorgen Sie dafür, daß ausreichend Futter in der Nähe des Brutnestes vorhanden ist: Leere Futterwaben vertauschen Sie gegen volle Waben, die außerhalb des Bienensitzes hängen (stehen). Vergessen Sie nach diesen Kontrollen nicht, die Wärmeisolierung wieder anzubringen.

Die nächsten Arbeiten sind die Frühjahrsfütterung und die verschiedenen Schwarmverhinderungsmaßnahmen (→ Seite 25 und 26).

Das Bienenjahr auf einen Blick

1 Kontrolle, **2** Mäuse abwehren, **3** tote Bienen einsammeln, **4** Sturmschäden beseitigen, **5** Flugloch beobachten, **6** erste Nachschau, **7** Vereinigen, **8** Warmhalten, **9** Pollenersatz füttern, **10** wichtigste Nachschau, **11** Königin suchen, **12** Honigraum aufsetzen, **13** für Stimmung sorgen, **14** Schwarm einfangen, **15** Schwarmverhinderung, **16** Honigwaben wiegen, **17** Entdeckeln.

Das Bienenjahr auf einen Blick

18 Königinnen züchten, **19** Räuberei verhindern, **20** Schleudern, **21** reiches Pollenangebot, **22** Beginn des neuen Bienenjahres, **23** und **24** Königinnen austauschen, **25** Waben kontrollieren, **26** Einfütterung, **27** letzte Nachschau, **28** Abdecken, **29** Futterbehälter reinigen, **30** Mäuse und **31** Vögel abwehren, **32** Abdeckung sichern, **33** letzter Kontrollgang, **34** Fachliteratur lesen, **35** Kunden werben, **36** Kerzen herstellen.

Arbeitsplan durchs Bienenjahr

In diesem Kapitel sind alle Arbeiten zusammengestellt, die Sie in jedem Monat an Ihren Bienenvölkern ausführen müssen. Der Arbeitsplan führt Sie sicher durch das Bienenjahr (→ auch Zeichnung Seite 46 und 47).

Was ist im Januar zu tun?
Das überwinternde Volk, es können 10 000 bis 20 000 Bienen sein, hat sich zur Wintertraube zusammengezogen, die sich über vier bis acht Waben verteilt. Die Traube bewegt sich sehr langsam, meist vom Flugloch weg, auf den Waben entlang. Die Bienen nehmen dabei aus den Wabenzellen das Winterfutter auf, um die notwendige Wärme erzeugen zu können: 20 bis 25 °C im Innern der Traube, 8 bis 10 °C am Traubenrand. Der Futterverbrauch pro Volk beträgt im Januar 600 bis 700 Gramm.
Mit Hilfe eines dünnen Schlauches, das eine Ende ins Flugloch, das andere ins Ohr gesteckt, können Sie hören, wie das Volk leise summt. Schon durch die kleinste Störung, zum Beispiel kurzes Anklopfen, ändert sich der Ton, wird aber wieder monoton, wenn das Klopfgeräusch sich nicht wiederholt. Sobald die Außentemperatur auf 10 bis 12 °C ansteigt, findet ein Reinigungsflug statt (→ Seite 8).

- Kontrollieren Sie gelegentlich, jedoch nur von außen, ob Stürme Schäden angerichtet haben.
- Prüfen Sie, ob die Mäusegitter vor den Fluglöchern noch fest sitzen, denn der Zugang von Mäusen könnte für das überwinternde Volk tödlich sein.
- In der Werkstatt können Sie jetzt Bienenkästen und Rähmchen reparieren oder neu anfertigen.
- Werten Sie die Eintragungen auf den Stockkarten aus (→ Seite 45).
- Jetzt können Sie Vereinsversammlungen und Fachvorträge besuchen.
- Die Wintermonate eignen sich besonders gut für die Honigvermarktung und die Erweiterung Ihres Kundenkreises.
- Notieren Sie auf der jeweiligen Stockkarte Ihre Beobachtungen am Flugloch. In diesem Monat können zum Beispiel tote Altbienen davorliegen.
- Steht ein Bienenvolk auf einer Waage, lesen Sie am Monatsende das Gewicht ab, und ermitteln Sie durch den Vergleich mit den Dezember-Werten die Futterabnahme. Machen Sie die entsprechenden Eintragungen in die Stockkarten.

Was ist im Februar zu tun?
Obwohl der Februar noch zu den Wintermonaten zählt, blühen schon die Schneeglöckchen, beim Haselstrauch bildet sich der erste Blütenstaub. Auch das Bienenvolk in der Wintertraube spürt die wärmende Kraft der Sonne. Die Königin beginnt mit der Eiablage. Im Zentrum der Wintertraube entsteht ein handtellergroßes Nest von Eiern, das nach und nach größer wird. Durch verstärkte Futteraufnahme der Bienen – im Februar verbrauchen sie etwa 1000 Gramm – steigt die Temperatur von etwa 25 auf 35 °C.
Schon bei Außentemperaturen von 8 bis 10 °C fliegen vereinzelt Bienen, die das Wasser holen, das sie beim Brüten benötigen. An einigen Tagen wird die Außentemperatur einen Reinigungsflug zulassen. Bei Temperaturen von 14 °C und mehr, in Süddeutschland bei Föhneinwirkung, kann durchaus Ende Februar der Hauptreinigungsflug stattfinden.

- Sie sollten Ihre unmittelbaren Nachbarn möglichst frühzeitig auf den Reinigungsflug der Bienen aufmerksam machen. Erklären Sie noch vor den ersten warmen Tagen, daß Sie das Flugloch nicht schließen können – denn würden sich die Bienen in der Beute entleeren, ginge das ganze Volk ein. Sie können Ihre Nachbarin zum Beispiel bitten, am ersten schönen Tag ihre Wäsche nicht im Freien, sondern auf dem Speicher zu trocknen – nur so läßt sich verhindern, daß die Wäsche übersät ist mit gelben Flecken. Kotspritzer auf dem Auto sind einfach abzuwaschen. Wenn Sie freundlich daran erinnern, wie notwendig die Bienen für die Bestäubung der Blüten sind, werden Sie sicherlich auf Verständnis stoßen.

- Achten Sie darauf, daß die Bienenkästen dicht sind (→ Seite 25).
- Decken Sie die Bienenkästen, soweit sie nicht genügend isoliert sind (Bienenhaus), mit Tüchern und Decken ab.
- Ablesen der Waage am Monatsende.
- Eintragungen in die Stockkarten.

Was ist im März zu tun?
Im März beginnen die Weidenkätzchen zu blühen. Die gelblichen männlichen Blüten geben den Pollen ab, den die Bienen zur Befruchtung auf die grünlichen weiblichen Blüten übertragen. Bei warmer Witterung sondern die weiblichen Blüten reichlich Nektar ab. Mit zunehmendem Pollen- und Nektarangebot von Weiden, Kornelkirschen und anderen Frühblühern wird das Bienenvolk immer lebendiger. Die Bienen brauchen in diesem Monat 1500 bis 2000 Gramm Nahrung. Das Brutnest hat sich inzwischen auf drei bis vier Waben ausgeweitet. Die aufsteigende Phase des Bienenjahrs (→ Zeichnung Seite 46) beginnt.

Sobald die Witterung es zuläßt, erfolgt die erste Nachschau:

- Prüfen Sie, ob das Volk weiselrichtig ist (→ Seite 31). Bei Weisellosigkeit hilft nur die Vereinigung (→ Seite 41).
- Ein schwaches, krankes Volk muß abgeschwefelt werden (→ Seite 62).
- Sorgen Sie dafür, daß ausreichend Futter in der Nähe des Brutnestes vorhanden ist (→ Seite 25).
- Ablesen der Stockwaage wöchentlich einmal: jeweils abends, nach Einstellung des Bienenflugs.
- Eintragungen in die Stockkarten.

Was ist im April zu tun?
Inzwischen blühen viele Weidenarten, je nach Klima auch Pappeln mit ihren meist roten Pollen, Ahorn, Buchen und Eichen, Schwarzdorn, Johannis- und Stachelbeeren und verschiedene Arten von Kirschen, Äpfeln und Birnen. Die Flugbienen werden durch die Vielfalt des Angebots und dadurch, daß das Volk immer mehr Pollen (Eiweiß) und Nektar benötigt, ständig dazu animiert, den Stock zu verlassen und Futter zu holen.
Im Volk vollzieht sich der Generationswechsel. Die überwinterten Altbienen sterben, Jungbienen müssen ihren Platz einnehmen. Das Brutnest ist auf sechs bis acht Waben angewachsen, und es bedarf großer Kraftanstrengung der Bienen, um die Bruttemperatur von 35 °C zu erzeugen. Hinzu kommt, daß die Bienen durch die Temperaturschwankungen im April sehr gefährdet sind (→ Seite 25).

- Bringen Sie Anflugbretter an den Beuten an (→ Seite 25).
- Halten Sie die Völker weiterhin warm (→ Seite 25).
- Falls nötig, müssen Sie mit Futterteig oder Zucker-Wasser-Lösung nachfüttern (→ Seite 25).
- Herrscht längere Zeit kein Flugwetter, muß Pollenersatz gefüttert werden (→ Seite 25).
- Wenn das Volk alle Waben besetzt hat oder den Baurahmen ausbaut, können Sie erweitern (→ Seite 26).
- Schneiden Sie regelmäßig den Baurahmen aus (→ Seite 26).
- Wöchentliches Ablesen der Waage.
- Eintragungen in die Stockkarten.

Mai/Juni/Juli

Was ist im Mai zu tun?
Das Bienenvolk ist Anfang Mai voll entwickelt, 80 Prozent der Waben im Brutraum sind mit Brut belegt. In der jetzigen Hochstimmung des Volkes ist mit aufkommendem Schwarmtrieb zu rechnen. Sie müssen versuchen, diesen Trieb gar nicht erst aufkommen zu lassen oder zumindest das Schwärmen zu verhindern.

- Geben Sie den Honigraum frei (→ Seite 26).
- Wenn im Baurähmchen noch keine Weiselzellen angeblasen oder in Pflege befindlich sind, können Sie die Schröpfmethode anwenden (→ Seite 29).
- Sobald Weiselzellen angeblasen werden, müssen Sie durch Schwarmvorwegnahme (→ Seite 30) oder Königin-Ableger (→ Seite 30) versuchen, das Schwärmen zu verhindern.
- Sollte das Volk trotz aller Verhinderungsmaßnahmen schwärmen, muß der Schwarm so schnell wie möglich wieder eingefangen werden (→ Seite 31).
- Sie können von den Bienen eventuell nicht benötigte Pollenwaben (Pollenbretter) aus dem Stock nehmen und bis zum Herbst für die Auffütterung im Wabenschrank aufbewahren.
- Wöchentliches Ablesen der Waage.
- Eintragungen in die Stockkarten.

Was ist im Juni zu tun?
Im Juni ist Sonnenwende, das Bienenvolk erreicht den Höhepunkt seiner Entwicklung. Das Brutnest wird kleiner, da die Königin weniger Eier legt. Es besteht aber immer noch Schwarmgefahr.
Anfang bis Mitte Juni beginnen Nadel- und Laubbäume zu honigen (Waldtracht). Allen voran Fichte und Tanne, oft honigen auch Eiche, Ahorn, Kiefer und andere Baumarten (→ Seite 9).
An den kleinen, glänzenden Tröpfchen auf dem Laub des Unterholzes können Sie erkennen, daß die Waldtracht eingesetzt hat. Tageszunahmen beim Waagvolk von zwei Kilogramm und mehr sind keine Seltenheit.

- In Frühtrachtgebieten können Sie schon Anfang Juni zum ersten Mal Honig ernten (→ Seite 36). Ist die Tracht gut, kann eventuell zwei bis drei Wochen später zum zweiten Mal Honig geschleudert werden. In Spättrachtgebieten ist Ende Juni mit der ersten Ernte zu rechnen.
- Der Juni ist der am besten geeignete Monat für die Königinnenzucht (→ Seite 32). Sobald die Königinnen begattet sind, sollten sie gezeichnet (→ Seite 33), und ein Flügel gestutzt werden (→ Seite 33).
- Schwarmverhinderungsmaßnahmen durchführen (→ Seite 30). Wenn Sie Königinnen heranziehen, ist auch die Bildung eines Kunstschwarms oder eines Brutablegers eine gute Methode zur Schwarmverhinderung.
- Tägliches Ablesen der Waage.
- Eintragungen in die Stockkarten.

Was ist im Juli zu tun?
Seit der Sonnenwende befindet sich das Bienenvolk in der absteigenden Phase (→ Zeichnung Seite 47). Mitte Juli ist die Schwarmgefahr vorüber. Völker, die eine junge, gesunde Königin haben, treiben die Drohnen ab (→ Seite 8). Ab Mitte Juli ist mit der Weißtannentracht zu rechnen.

- Bis Mitte Juli Schwarmverhinderungsmaßnahmen durchführen (→ Seite 26).
- Königinnenspätzuchten durchführen.
- Falls notwendig, Umweiselung der Altvölker in der zweiten Julihälfte vorbereiten (→ Seite 35).
- In Spättrachtgebieten kann Mitte bis Ende Juli zum zweiten Mal Honig geerntet werden.
- Bietet die Natur nicht genügend Nahrung, muß eine Lückenfütterung vorgenommen werden (→ Seite 40).

Juli

- Besonders in Waldtrachtgebieten ist für ein ausreichendes Pollenangebot zu sorgen (→ Seite 41); im Frühjahr entnommene Pollenbretter wieder zuhängen.
- Vorkehrungen gegen die Räuberei treffen (→ Seite 41).
- Waben aussortieren und Brutnest ordnen (→ Seite 41); im Winter nicht benötigte, helle Waben im Wabenschrank aufbewahren.
- Alte, dunkle Waben und Drohnenwaben ausschneiden und einschmelzen oder umtauschen (→ Seite 42).
- Tägliches Ablesen der Waage.
- Eintragungen in die Stockkarten.

Wichtige Trachtpflanzen

Apfelblüten
Gehören wie alle Kern- und Steinobstblüten zur wichtigsten Frühtracht. – Obstblütenhonig.

Löwenzahn
Gleiche Blütezeit wie Obstbäume. – Löwenzahnhonig und Bestandteil von Sommerblütenhonig.

Rapsblüten
Der in ganz Deutschland verstärkt angebaute Raps wird von Imkern zur Blütezeit angewandert. – Rapshonig.

Heideblüten
Glocken- und Besenheide blühen von August bis September (um Lüneburg und im Nürnberger Raum). – Heidehonig.

Rotklee
Blüht zusammen mit anderen Kleearten vom Frühsommer bis zum Herbst. – Kleehonig.

Lindenblüten
Der Duft dieser Blüten findet sich im Aroma des Honigs wieder. – Lindenhonig.

Edelkastanie
Der Baum mit langen Blütenrispen ist eine gute Trachtpflanze im Juli. – Edelkastanienhonig.

Waldbäume
Von Fichte, Lärche, Eiche, Buche und anderen Baumarten stammt der Honigtau für den Waldhonig.

Robinie (Akazie)
Gute Trachtpflanze mit weißen Blüten an Waldrändern und Böschungen. – Akazienhonig.

Waldblüten
Die Blüten von Faulbaum, Himbeer- und Brombeerstrauch, wilder Kirsche und Gamander liefern den Waldblütenhonig.

Sommerblüten
Dazu gehören die Blüten von Weide, Löwenzahn, Kornelkirsche, Klee. – Sommerblütenhonig.

Weißtanne
Wächst in süddeutschen Wäldern, vor allem im Schwarzwald. Liefert mit Hilfe von Lachniden den Tannenhonig.

August bis Dezember

Was ist im August zu tun?
Im August beginnt das Bienenjahr, denn von diesem Monat an schlüpfen die Winterbienen (→ Seite 8). Je mehr Bienen überwintern, desto leichter ist es für sie, die notwendige Stocktemperatur zu erzeugen, das bedeutet: Das Volk wird stärker, mehr Bienen können im folgenden Frühjahr Nektar und Honigtau für die Honigernte sammeln.

- Letzte Honigschleuderung in Spättrachtgebieten.
- Falls noch nicht geschehen, Umweiselung in Altvölkern durchführen (→ Seite 35).
- Falls noch nicht geschehen, Brutnest ordnen (→ Seite 41).
- Vereinigung schwacher Völker (→ Seite 41).
- In Lagen über 500 m Höhe Mitte August sowohl in Frühtracht- als auch in Spättrachtgebieten mit der Auffütterung beginnen. In tieferen Lagen damit bis Anfang September warten (→ Seite 42).
- Waage bei Tracht täglich, nach der letzten Honigernte wöchentlich einmal ablesen.
- Eintragungen in die Stockkarten.

Was ist im September zu tun?
Die Volksstärke hat abgenommen, weil die sterbenden Altbienen nicht mehr alle durch Jungbienen ersetzt werden. Sobald die Nächte kühl werden, ziehen sich die Völker als Traube zusammen.

- Bis Mitte September sollte sowohl in Frühtracht- als auch in Spättrachtgebieten die Auffütterung abgeschlossen sein. In Lagen über 500 m Höhe sollten die Bienenvölker schon Anfang September für den Winter fertig sein.
- Leere Waben an den Seiten des Brutnestes entnehmen, im Wabenschrank aufbewahren.
- Letzte Nachschau vornehmen (→ Seite 44).
- Die Einwinterung zweier Völker übereinander ist vorteilhaft.
- Die Waage während der Auffütterung einmal wöchentlich, nach Beendigung der Fütterung nur noch am Monatsende ablesen.
- Eintragungen in die Stockkarten.

Was ist im Oktober zu tun?
Spätblüher im Garten (Astern) und auf dem Feld (Ackersenf) liefern den Bienen noch etwas Pollen für die Eiweißversorgung im Winter.

- Abnahme und Reinigung der Futterbehälter.
- An frostfreien Tagen mit geringem Flugbetrieb können im Freien aufgestellte Beuten neu gestrichen werden (→ Seite 44).
- Abdichten der Beuten, falls notwendig (→ Seite 44); Anbringen der Innenwärmeisolierung beim Blätterstock und Abdeckung mit Wellblechplatten (→ Seite 44).
- Mäuseschutz: Fluglöcher verkleinern oder Mäusegitter anbringen (→ Seite 44).
- Vogelnetze anbringen (→ Seite 44)?
- Waage am Monatsende ablesen.
- Eintragungen in die Stockkarten machen; die Stockkarten einsammeln.

Was ist im November und Dezember zu tun?
Das Bienenvolk hat sich zur Wintertraube zusammengezogen. Um nicht zu verhungern oder zu erfrieren, müssen die Bienen ständig den im Herbst eingelagerten Zuckersirup aufnehmen und die darin enthaltenen Kohlenhydrate in Wärme umwandeln.

- Ein- bis zweimal im Monat Kontrollgang; die Bienenstöcke dürfen dabei nicht geöffnet werden (→ Seite 44).
- Neuanfertigung von Bienenkästen und Zubehör; Reparaturarbeiten.
- Auswertung der Stockkarten-Eintragungen (→ Seite 45).
- Theoretische Weiterbildung.
- Honigvermarktung.
- Bienenwachsverwertung (Kerzen).

Produkte aus dem Bienenstock

Honig

Honig ist ein leicht verdauliches Nahrungsmittel, in dem viele für den menschlichen Organismus wertvollen Wirkstoffe (Vitamine, Spurenelemente) enthalten sind. Schon die Sumerer, Babylonier und Ägypter kannten die desinfizierende und entzündungshemmende Wirkung des Honigs und verarbeiteten ihn zu Salben, mit denen sie Wunden, Augen- und Hauterkrankungen behandelten. Auch heute noch wird Honig zur Vorbeugung gegen Infektionskrankheiten und zur Unterstützung von Heilprozessen empfohlen. Das Kauen von Honig und Wachs (Wabenhonig, → nächste Spalte) zum Beispiel wirkt sich lindernd bei Heuschnupfen und chronischen Entzündungen im Rachen aus. Je nachdem, welchen Nektar oder Honigtau die Bienen sammeln, entstehen verschiedene Honigsorten, die in Farbe und Geschmack sehr unterschiedlich sind. Sortenhonig stammt überwiegend von einer Blüten- oder Baumart, Mischhonig von mehreren Trachtquellen (Sommerblüten-, Waldblüten-, Waldhonig). Durch Pollenbestimmung des Honigs kann die Vielzahl der nektarspendenden Blüten rekonstruiert werden. In manchen Mischhonigen sind bis zu fünfzig Pollenarten verschiedener Blütenpflanzen enthalten.

Wabenhonig ist reifer Honig, gleich welcher Herkunft, in von Bienen gebauten und unbe-

Honigsorten

Honigsorte	Herkunft	Geschmack	Farbe des frisch geschleuderten Honigs	Farbe des kandierten Honigs
Löwenzahnhonig	Löwenzahn	streng, aromatisch	gelb	kräftig gelb
Rapshonig	Raps	mild, charakteristisch	hellgelb	weißlich
Kleehonig	Weiß-, Rot-, Steinklee; Esparasette	mild	gelb bis cognacfarben	weißlichgelb bis grau
Lindenhonig	Linde (Nektar und Honigtau)	sehr aromatisch, charakteristisch	grünlich bis gelb	grünlichgrau
Edelkastanienhonig	Edel- (Eß-)kastanie	herb, etwas streng	hellbraun	dunkelgelb bis grau
Robinien- (Akazien-) honig	Robinie (Akazie)	mild	farblos	weißlich bis grüngrau
Obstblütenhonig	Stein-, Kern-, Beerenobststräucher und -bäume	mild	hell- bis dunkelgelb	hell- bis dunkelgelb
Sommerblütenhonig	alle nektarspendenden Blüten, die im Sommer blühen	aromatisch	dunkelgelb bis cognacfarben	weißlichgelb bis dunkelgelb, leicht grau
Waldblütenhonig	Weide, Himbeere, Brombeere, Gamander, Faulbaum; Wildkastanie (Honigtau)	mildwürzig	dunkelgelb bis hellbraun	gelblichgrau
Waldhonig	Fichte, Eiche Ahorn (Honigtau)	mildwürzig	hellbraun bis rotbraun	dunkelgelb bis hellbraun
Heidehonig	Heidekraut (Erika)	sehr aromatisch, charakteristisch	rötlichgelb bis hellbraun	bleibt sehr lange gallertartig (sulzig)
Tannenhonig	Weißtanne (Honigtau)	mildwürzig	grünlichschwarz	graubraun

brüteten Waben, deren Zellen gedeckelt sind. Heidehonig in Waben oder Wabenstücken wird als Scheibenhonig bezeichnet.
Die Tabelle auf Seite 53 gibt Ihnen einen Überblick über Geschmack und Aussehen verschiedener Honigsorten.

Wachs

Ein Volk, das sich normal entwickelt, baut während der Trachtzeiten eines Jahres acht bis zwölf Mittelwände aus. In den Wintermonaten wird kein Wachs produziert; in unharmonischem Zustand, wenn zum Beispiel die Königin fehlt, krank oder alt ist, wird weniger Wachs produziert. Im Herbst, nachdem der Imker die Waben geordnet hat (→ Seite 41), kann das Wachs – pro Volk von vier bis fünf Waben – an den Fachhandel verkauft werden.

Pollen, Gelée Royal, Propolis (Kittharz)

Pollen ist ein hochwertiges diätetisches Lebensmittel, das mit Hilfe einer Pollenfalle gewonnen wird. (Im Fachhandel werden sowohl Pollenfallen als auch Bastelanleitungen und das notwendige Material zum Selberbauen angeboten.)
Funktion des Gerätes: Die Bienen krabbeln am Flugloch durch eine kleine Öffnung, die so eng ist, daß zwar die Bienen durchkommen, die dicken Pollenhöschen aber abgestreift werden. Sie fallen durch ein Drahtgitter in ein Kästchen, das täglich geleert wird. Der Pollen muß möglichst schnell getrocknet werden.
Empfohlen wird eine jährliche zwei bis drei Monate dauernde Kur, während der Sie täglich ein bis zwei Teelöffel Pollen zu sich nehmen sollten.

Gelée Royal ist der von Ammenbienen erzeugte Königinnenfuttersaft (→ Seite 6). Die Wirkung auf den menschlichen Organismus ist umstritten; das Produkt ist deshalb für den Imker schwer absetzbar.

Propolis (Kittharz), das mit körpereigenen Stoffen, Wachs und Pollen vermischte Harz von Pflanzenknospen, wird seiner antibakteriellen Wirkung wegen vor allem für die Herstellung medizinischer Präparate genutzt. Die Bienen überziehen zur Desinfektion des Stocks alle Beutenteile mit einer dünnen Schicht Kittharz, verschließen damit alle Risse und Spalten am Bienenkasten und verengen damit auch das Flugloch im Winter. Sie können das Kittharz von den Beuteninnenwänden und den Rähmchen der Waben abkratzen und im Fachhandel anbieten.

Oben links: Biene mit Pollenhöschen auf einer Huflattichblüte. Rechts: Bienen auf Zwergasternblüten (hervorragende Pollenspender). ▷
Unten links: Biene auf Fichtennadeln bei der Aufnahme von Honigtau. Rechts: Biene der Rasse Carnica (mit grauen Hinterleibsringen – Filzbinden) auf einer Kleeblüte.

Krankheiten, Schädlinge, Gefahren

Wenn Sie die Waben des Brutnestes, besser noch die Waben des gesamten Brutraums, jedes Jahr aus Mittelwänden neu bauen lassen (→ Seite 26), haben Krankheitserreger kaum eine Chance, sich im Bienenstock einzunisten. Trotz dieser Vorsorgemaßnahme und trotz guter Pflege können Krankheiten bei Ihren Bienenvölkern auftreten. Um Erfahrungen im Erkennen und Behandeln von Krankheiten zu sammeln, sollten Sie Lehrgänge zu diesem Thema besuchen. Die Imkerschulen der Landesverbände und Institute (→ Seite 68) geben Auskunft, wann und wo Sie sich in Kursen über Bienen- und Brutkrankheiten informieren können.
Sobald Sie bei Ihren Völkern eine Krankheit vermuten, müssen Sie sofort den Obmann für Bienenkrankheiten des Imkervereins verständigen. Er wird, wenn notwendig, zusammen mit dem Amtstierarzt die Krankheit diagnostizieren, Ihnen sagen, ob sie anzeigepflichtig ist, und Behandlungsmaßnahmen empfehlen oder anordnen.

Krankheiten der erwachsenen Biene

Akariose, anzeigepflichtig!
Die Tracheenmilbe *(Acarapis woodi)* dringt in die Tracheen (Luftröhren) von ein bis acht Tage alten Bienen ein und durchsticht die Tracheeninnenwand, um Blut zu saugen. Dabei gelangt Blut in die Luftröhren, wo es verkrustet und ihr Lumen (lichte Weite) verkleinert. Die Bienen bekommen nicht mehr genügend Luft und hüpfen flugunfähig vor dem Bienenstock herum.
Vorbeugung: Gut gepflegte Völker mit starkem Bienenumsatz.
Behandlung: Nur durch den Amtstierarzt.

Varroatose, anzeigepflichtig!
Die Varroamilbe *(Varroa jakobsoni)* ist in der BRD erstmals 1977 entdeckt worden. Sie lebt auf der Körperoberfläche der erwachsenen Biene und auf der Brut und ernährt sich von deren Körperflüssigkeit. Verschiedene außereuropäische Bienenrassen existieren mit diesem Außenparasit schon Jahrzehnte (1904 ist er erstmals an der indischen Biene beschrieben worden), ohne daß die Gesundheit der Biene dadurch wesentlich beeinträchtigt wurde. Für die europäischen Bienen, also auch die *Carnica,* bedeuten die Varroamilben eine tödliche Gefahr: Befallene Völker, die nicht behandelt werden, gehen innerhalb von vier bis fünf Jahren zugrunde.
Die hellbraunen Milben sind mit bloßem Auge zu erkennen (Weibchen: oval, 1 mm lang und 2 mm breit; Männchen: rundlich mit einem Durchmesser von etwa 0,8 mm). Oft wird die Varroamilbe mit der harmlosen Bienenlaus *(Braula coeca)* verwechselt. Mit Hilfe einer Lupe können Sie die beiden Parasiten gut voneinander unterscheiden: Die Milbe hat acht Beine, die Laus nur sechs (→ Zeichnung Seite 58).
Behandlung: In der BRD gibt es drei zugelassene Präparate für die Behandlung der Varroatose:

- Illertissener Ameisensäureplatte
- Folbex Va NEU von Ciba-Geigy
- Perizin von Bayer

◁ Oben: Magazinbeuten in einem blühenden Rapsfeld. Unten links: Honigraum einer geöffneten Magazinbeute mit weißen, honiggefüllten Wachszellen (Inhalt: 15 bis 20 kg Honig) – daran erkennt der Imker, daß er sein Volk richtig behandelt hat. Rechts: Der Autor demonstriert die Sanftmütigkeit seiner Bienen; Wabe mit glänzendem Honigkranz um das Brutnest, in den oberen größeren Zellen Drohnenbrut, in den unteren dunkleren Zellen Arbeiterinnenbrut.

Der Obmann für Bienenkrankheiten berät den Imker bei Auswahl und Anwendung des richtigen Mittels.
Als biologische Gegenmaßnahme können Waben mit gedeckelter Drohnenbrut ausgeschnitten und vernichtet werden. (Drohnenbrut wird von Varroamilben bevorzugt zur Vermehrung genutzt).

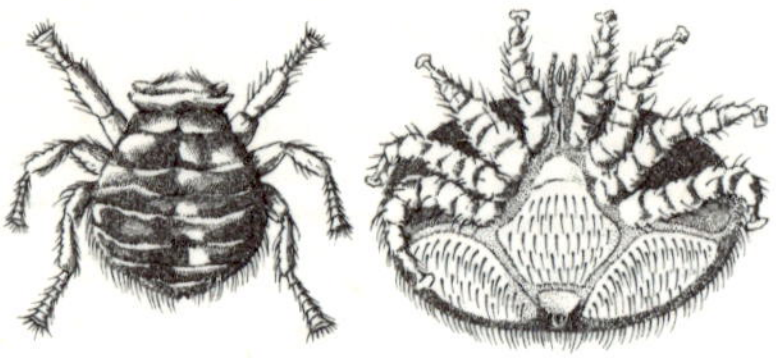

Bienenlaus (links) und Varroa-Milbe (rechts). Diese beiden Außenparasiten sind gut voneinander zu unterscheiden: Die ungefährliche Bienenlaus hat nur 3 Beinpaare, die gefährliche Varroa-Milbe 4 Beinpaare.

Nosematose (Darmseuche)
Der einzellige Innenparasit *Nosema apis* lebt ständig im Darm der Bienen. Sind die Völker schwach, die einzelnen Bienen körperlich übermäßig beansprucht oder herrscht Pollen-(Eiweiß-)mangel, kann sich der Parasit explosionsartig vermehren und die Darmzellen der Bienen zerstören. Die Völker werden im Frühjahr immer schwächer, die Brutwaben des erkrankten Volkes sind oft nicht mehr voll besetzt und unterkühlen, deshalb sterben die Maden ab. Die Bienen sind flugunfähig, haben einen dikken Hinterleib und krabbeln flügelzitternd vor dem Stock herum. Zur Diagnose kann der Darm einer an Nosematose erkrankten Biene, nachdem sie getötet worden ist, aus dem Hinterleib herausgezogen werden: Er ist nicht rötlichbraun wie in gesundem Zustand, sondern milchigweiß.

Vorbeugung: Gut gepflegte, starke Völker. Besonders im Herbst darauf achten, daß genügend Pollen vorhanden ist, gegebenenfalls müssen Sie Pollenersatzmittel anbieten (→ Seite 25).
Behandlung: Sie können die Darmseuche selbst behandeln. Fumidil B, ein antibiotisch wirkendes Mittel von ABBOTT Laboratories, wird genau nach Vorschrift (Beipackzettel) im Frühjahr oder Spätsommer in Zuckerlösung oder Futterteig verabreicht. Das gut wirkende Präparat ist zur Zeit wegen einer nochmaligen Überprüfung nicht auf dem Markt. Über die Imkervereine können Sie erfahren, wann Fumidil B wieder erhältlich ist.
Auch Nosemac (Hersteller: Drageno-Pharm; im Fachhandel erhältlich) hilft; dieses Mittel muß ebenfalls im Frühjahr oder Spätsommer genau nach Anweisung verabreicht werden. Die Normalpackung mit 15 Tabletten reicht für fünf Völker.

Brutkrankheiten

Sie können Brutkrankheiten nur erkennen, wenn Sie wissen, wie **gesunde Brut** aussieht:
Brutnest: Flächen mit gedeckelter Brut werden nur vereinzelt von offenen Brutzellen unterbrochen.
Zellen: Zelldeckel einheitlich hellbraun, nach außen leicht gewölbt. Maden: prall, perlmuttfarben. Geruchlos.

Europäische (gutartige) Faulbrut
Erreger: das Bakterium *Streptococcus pluton.*
Brutnest: lückenhaft. Zellen: Zelldeckel verfärbt, eingesunken, durchlöchert; in den Zellen gummiartige, braunschwarze, glatte Schorfe, die von Bienen im Anfangsstadium leicht entfernt werden können. Maden: dunkelbraun, zähflüssig bis klebrig und schmierig; in offenen und gedeckelten Zellen abgestorbene Maden, meist auf der unteren Seite der Zelle ausge-

streckt; bei *Streichholzprobe** nicht fadenziehend. Geruch: sauer.
Bekämpfung: Selbstheilung mit Beendigung der Brutsaison.

Amerikanische (bösartige) Faulbrut, anzeigepflichtig!
Erreger: das Bakterium *Bacillus larvae* (sporenbildend). Brutnest: lückenhaft. Zellen: Zelldeckel verfärbt, eingesunken, durchlöchert; schwarzbraune, am Zellgrund liegende Schorfe, die von Bienen nur schwer entfernt werden können. Maden: hell- bis dunkelbraun, schmierig; in offenen und gedeckelten Zellen abgestorbene Maden, die flach auf dem Boden der Zelle liegen; bei *Streichholzprobe** fadenziehend. Geruch: leimartig.
Bekämpfung durch den Amtstierarzt.

Kalkbrut
Erreger: der Pilz *Ascosphaere apis*. Brutnest: lückenhaft. Zellen: Zelldeckel hell bis dunkel, teilweise durchlöchert. Maden: weiß, später grauschwarz, hart und kalkartig; abgestorbene Maden in gedeckelten Zellen. Geruchlos.
Bekämpfung: Selbstheilung; befallene Wabenstücke ausschneiden und verbrennen.

Steinbrut:
Erreger: der Pilz *Aspergillus flavus*. Brutnest: lückenhaft. Zellen: einige Zelldeckel durchlöchert; befallene Zellen können grünlich-schimmelig erscheinen. Maden: grüngelb, hart und geschrumpft, kleben am Zellrand; abgestorbene Maden in offenen und gedeckelten Zellen. Geruch: modrig.
Bekämpfung: Selbstheilung (Bienen nagen befallene Zellen ab).

Sackbrut (kommt selten vor)
Erreger: ein noch nicht näher bestimmtes Virus. Brutnest: lückenhaft. Zellen: Zelldeckel dunkel, eingesunken, durchlöchert; in den Zellen braungelbe oder dunkelgraue Schorfe, die von Bienen leicht entfernt werden können. Maden: grau bis schwarz, wäßrig und körnig; in gedeckelten und offenen Zellen abgestorbene Maden, meist mit nach oben gerichtetem Kopf; bei *Streichholzprobe** nicht fadenziehend. Geruch: säuerlich.
Bekämpfung: Selbstheilung.

Schädlinge

Wachsmotten legen ihre Eier auf den Waben in Bienenstock und Wabenschrank ab. Die schlüpfenden Raupen (Rankmaden), die sich vom Wachs ernähren, zerstören die Waben. Wachsmottenbefall ist deutlich erkennbar am feinen grauen Gespinst, mit dem die Freßgänge der Raupen ausgekleidet sind. In starken Völkern helfen sich die Bienen selbst, indem sie eventuell schlüpfende Rankmaden töten und aus dem Stock transportieren.
Vorbeugung: Waben, die Sie im Wabenschrank oder in Zargen aufbewahren wollen, sollten Sie nach der Entnahme aus dem Bienenstock zwei- bis dreimal in Abständen von drei bis vier Wochen schwefeln (Schwefelschnitten mit Anwendungshinweisen bekommen Sie im Fachhandel). Bewahren Sie die Waben bei Zimmertemperatur, besser in kühleren Räumen, auf.
Behandlung: Bei starkem Wachsmottenbefall müssen die Nester verbrannt und die zerstörten und durchlöcherten Waben ausgeschnitten und eingeschmolzen werden.

* **Streichholzprobe:** Ein Streichholz wird in eine Zelle mit einer abgestorbenen Made gesteckt und wieder herausgezogen; Sackbrut und Europäische Faulbrut werden oft mit der Amerikanischen Faulbrut verwechselt; nur wenn die abgestorbenen Maden fadenziehend sind, handelt es sich um die Amerikanische, die bösartige Faulbrut.

Die Bienenlaus *(Braula coeca),* ein 1 bis 1,5 mm großes Insekt mit sechs Beinen (→ Zeichnung Seite 58), sitzt meist auf dem Brustkorb der Bienen und holt sich Futter aus deren Rüssel. An Königinnen wurden schon bis zu 20 Läuse gezählt, an Arbeiterinnen kommt die Laus nur einzeln vor. Bienenläuse richten zwar keinen unmittelbaren Schaden an, beunruhigen die Bienen aber. Befallene Königinnen lassen mit der Eiablage nach.
Abhilfe: Schieben Sie einen mit Naphthalin bestreuten Papierbogen am Abend unter die Waben. Das Naphthalin betäubt die Läuse, die auf das Papier fallen. Am nächsten Morgen verbrennen Sie das Papier mit den Läusen.

Wespen holen sich meist nur kranke oder flugunfähige Bienen vom Flugbrett des Bienenstocks. Im Herbst versuchen sie aber, auch an den Honig im Bienenstock zu gelangen. Angriffe einzelner Wespen am Flugloch können von den Wächterbienen abgewehrt werden (→ Seite 11). Wenn viele Wespen auf einmal angreifen, besteht die Gefahr, daß das Bienenvolk ausgeraubt wird.
Abhilfe: Verkleinern Sie im Herbst die Fluglöcher. Stellen Sie im Frühjahr möglichst bauchige Flaschen mit engem Hals, zu einem Viertel gefüllt mit dünnem Honigwasser oder Obstsaft, in der Nähe des Bienenstandortes auf. Die angelockten Wespen ertrinken in der Flüssigkeit.

Hornissen sind sehr selten geworden, deshalb keine Gefahr für die Bienen.

Der Bienenwolf *(Filantus triangulum),* auch Grabwespe genannt, braucht für seine Ernährung und zur Brutaufzucht tote Bienen, die er sich am Flugbrett holt. Abgesehen von dieser geringfügigen Störung, richtet er keinen Schaden an.

Der Speckkäfer *(Dernoites ladarius)* tritt oft in vernachlässigten Beuten auf, meist auf dem Bodenbrett im Gemüll (kleine Wachsteilchen von den abgenagten Wachsdeckelchen der Brut- und Honigzellen). Die Larven haben lange Haarbüschel, die schwarzbraunen Käfer eine graue Querbinde. Die Käfer beunruhigen das Volk, das Brutgeschäft wird gestört.
Vorbeugung: Die Bodenbretter sauber halten, keine Wabenreste liegen lassen.
Abhilfe: Wachsreste einsammeln und einschmelzen; das Gemüll von den Bodenbrettern im Frühjahr herauskehren und verbrennen.

Ameisen können durch Zernagen der Beuten und Eindringen in die Völker die Bienen erheblich stören.
Abhilfe: Legen Sie Ameisen-Freßlack (Fachhandel, Drogerie) nach Anweisung (Beipackzettel) im Bienenstock aus.

Mäuse dringen vor allem im Herbst und Winter oft in Bienenstöcke ein. Ein Mäusenest im Stock bedeutet wegen der Ruhestörung fast ausnahmslos den Tod des Bienenvolks.
Vorbeugung: Verkleinern Sie die Fluglöcher im Herbst auf fünf Millimeter Höhe oder bringen Sie Mäusegitter an.

Vögel richten keinen großen Schaden an, weil sie meist nur tote oder kranke Bienen fressen. Allerdings können sie bei der Königinnenzucht lästig werden, wenn sie die junge Königin während ihrs Hochzeitsfluges erwischen.
Abhilfe: Stellen Sie Vogelscheuchen in Stocknähe auf oder befestigen Sie Silberpapierstreifen an in der Nähe der Bienenstöcke stehenden Bäumen.

Gefahren durch Insekten- und Unkrautvernichtungsmittel

Immer wieder werden Flugbienen durch Insektizide (Insektenvernichtungsmittel) getötet. Kommt eine Biene bei ihrem Blütenbesuch mit einem Insektengift in Berührung, stirbt sie sofort oder verendet auf dem Heimflug. Werden die Trachtpflanzen durch Insektizide verseucht, wird das Bienenvolk immer schwächer und geht schließlich zugrunde (schleichender Tod).
Über die verbindlichen Richtlinien zur Anwendung von Insektiziden können Sie in der Bienenschutzverordnung nachlesen (Imkerverein, Landesverband, Naturschutz- und Landwirtschaftsamt).
Daß Sie selbst keine Insektizide verwenden, sollte selbstverständlich sein. Bitten Sie auch Ihre Nachbarn und Bekannten, auf den Einsatz von Insektengift zu verzichten.
Herbizide (Unkrautvernichtungsmittel) töten nur selten die Biene direkt, vernichten jedoch ihre Nahrungsgrundlage, die Trachtpflanzen. Helfen Sie mit, daß die für Bienen lebensnotwendigen Wildpflanzen und »Unkräuter« an Feld- und Straßenrändern, Bahndämmen, See- und Flußufern nicht ausgerottet werden. Ist eine Beseitigung unbedingt notwendig, sollte nicht gespritzt, sondern gemäht werden.
Bei Schädigung Ihrer Völker durch Insekten- oder Unkrautvernichtungsmittel sollten Sie verständigen:

- den Imkervereinsvorsitzenden oder dessen Beauftragten,
- den Vertreter des amtlichen Pflanzenschutzes,
- den Verursacher des Schadens, falls bekannt,
- bei größeren Schäden die Polizei.

Über die Probeentnahme und die Meldung des Schadens bei der Versicherung informiert Sie der Vertreter der Imkerorganisation.

Zum Nachschlagen

Kleines Lexikon der Fachbegriffe

Abfegen: Mit einer Gänsefeder oder einem kleinen Besen werden die Bienen von einer Wabe abgekehrt.
Abhorchen: Im Winter kann mit Hilfe eines dünnen Schlauches (ein Ende im Flugloch, das andere im Ohr) der Summton des Volkes abgehört werden. Daraus lassen sich Rückschlüsse auf das Befinden des Volkes ziehen.
Ableger: Teil des Volkes ohne die alte Königin.
Ablegerkasten: Kleiner Bienenkasten.
Abschlagen: Durch einen kräftigen Schlag auf das Rähmchen fallen die Bienen von der Wabe.
Abschwefeln: Abtöten eines kranken Volkes durch Abbrennen einer Schwefelschnitte.
Absperrgitter: Zur Abtrennung von Brut- und Honigraum eingesetztes Gitter, durch dessen Zwischenräume (Abstand: 4,3 mm) nur Bienen passen, nicht aber die Königin.
Abstandsbügel, Abstandsrechen: Sorgen für 10 mm Abstand zwischen den Waben.
Allergie: Überempfindlichkeit gegen Bienen und Bienengift; → Seite 14.
Altwaben: Dunkle Waben, die mehrmals bebrütet wurden. Sie werden aus den Rähmchen ausgeschnitten und eingeschmolzen oder im Fachhandel gegen Mittelwände eingetauscht.
Ammenbiene: Junge Stockbiene (→ Seite 5 und 12), die die Bienenbrut füttert.
Anblasen: Bauen von Weiselnäpfchen.
Antibiotika: Stoffe, die das Bakterienwachstum hemmen oder die Bakterien abtöten.
Anzeigepflicht: Bestimmte Bienen- oder Brutkrankheiten müssen dem Veterinäramt gemeldet werden (→ Seite 57).
Apifonda®: Industriell hergestellter Futterteig (Frankenzucker)
Apimondia: Internationaler Verband der Bienenzüchter mit Sitz in Bukarest und Rom.
Apis mellifica Carnica: Besonders sanftmütige Bienenrasse.
Arbeiterin: Weibliche Biene mit unterentwickelten Eierstöcken; verrichtet alle Arbeiten, die innerhalb und außerhalb des Bienenstocks anfallen (→ Seite 5 und 12).
Auffütterung: Ergänzung des Futtervorrats im Herbst.
Ausfressen: Befreien der Königin durch die Bienen aus einem kleinen Käfig mit Zuckerteigverschluß.
Auswinterung: Zustand der Völker nach dem Winter; dann setzt die Durchlenzung (siehe dort) der Völker ein.

Bannwabe: Ein Schwarm zieht aus einem Bienenkasten manchmal wieder aus, weil er sich nicht zu Hause fühlt. Eine offene Brutwabe, vor dem Einschlagen des Schwarms in den Kasten verbracht, weckt Fürsorgepflichten; der Schwarm bleibt im Kasten.
Baubienen: Bienen, die Wachs schwitzen und daraus Waben bauen (→ Seite 5 und 12).
Baurecht: Das derzeit gültige Baurecht besagt, daß Bienenstände und Wirtschaftsräume ortsüblich sind und auch im Außenbereich erstellt werden dürfen.
Baurähmchen: Leeres Rähmchen, das die Bienen, je nach Stimmung im Volk, mit Arbeiterinnen- oder Drohnenzellen bebauen. Sobald Weiselzellen angeblasen werden, besteht Schwarmgefahr.
Bausperre: Dünne Bretter, die das Bauen von Waben im Freiraum zwischen Bodenbrett und Waben verhindern.
Bautraube: Jungbienen, die sich als Traube aneinanderhängen, Wachs schwitzen und daraus Waben bauen.
Begattung: Die junge Königin fliegt mehrmals aus und wird in der Luft von fünf bis acht Drohnen begattet, die nach der Kopulation verenden. Die Königin speichert acht bis zehn Millionen Spermien (Samenfäden) die für ihre gesamte Lebenszeit zur Befruchtung der Eier ausreichen.
Begattungskästchen: Behausung für Kleinstvölker; von dort aus unternimmt die junge Königin den Begattungsflug (Hochzeitsflug).
Belegstelle: Günstig gelegener Platz für die Aufstellung der Begattungskästchen mit ausgewählten Drohnenvölkern zur gezielten Paarung.
Besamung: Instrumentelle Übertragung des Samens (Spermien) vom Drohn auf die mit CO_2 betäubte Königin; wird vorgenommen unter dem Mikroskop.
Betriebsweise: Arbeitsplan und Durchführung der Maßnahmen am Bienenvolk.
Beute: Bienenbehausung (→ Seite 16).
Beweiseln: Einsetzen einer Königin (Weisel) in ein Volk ohne Königin.

Kleines Lexikon der Fachbegriffe

Bienenflucht: Vorrichtung, die es den Bienen ermöglicht, einen bestimmten Raum zwar zu verlassen, nicht aber zurückzukehren.
Bienenhaus: Begehbares Schutzhaus für Bienenkästen.
Bienenjahr: Beginnt im August, weil die von diesem Monat an schlüpfenden Bienen den Grundstock des Volkes für das kommende Frühjahr bilden.
Bienenkasten: Bienenbehausung (siehe auch Beute, Stock, → Seite 16).
Bienensprache: (Tanz-)Gebärden, mit deren Hilfe Informationen an Artgenossen weitergegeben werden. Das Verhalten wurde von Professor Dr. Karl Ritter von Frisch (1886 bis 1982) entdeckt, der für diese bahnbrechende Erforschung mit dem Nobelpreis ausgezeichnet wurde (→ Seite 10).
Bienenstand → Bienenhaus.
Bienentränke: Stelle oder Vorrichtung für die Wasseraufnahme der Bienen.
Bienenweide: Wild- und Kulturpflanzen, Bäume und Sträucher, die Nektar, Honigtau oder Pollen liefern.
Blatthonig: Honigtau von Laubbäumen.
Blätterbeute, Blätterstock: Hinterbehandlungsbeute; die Waben stehen längs zum Flugloch auf Roststäben. Nach Entnahme einer Wabe können die restlichen wie Buchseiten verschoben (geblättert) werden (→ Seite 19).
Blütenstet: Bienen befliegen bei einem Flug nur eine Blütenart. Wichtig für die Artenerhaltung. Andere Insekten fliegen wahllos von Blüte zu Blüte.
Bodeneinlage: Unter den Wintersitz des Volkes geschobene Einlage, zum Beispiel Bitumenpappe, die im Frühjahr mit dem Abfall (Gemüll) entfernt wird.
Brut: Nachkommenschaft des Bienenvolkes (Eier, Maden und Larven).
Brutnest: Alle Waben eines Volkes, auf denen sich Brut befindet.

Carnica → Apis mellifica Carnica.
Chitin: Daraus besteht das Außenskelett der Bienen.

Drahten: Stabilisieren der Waben.
Drohn: Männliches Bienenwesen.
Drohnenbau: Größere Zelle (6,91 mm Durchmesser, Arbeiterinzelle: 5,37 mm Durchmesser), in der sich der Drohn entwickelt.
Drohnensammelplatz: Günstige Stelle, an der sich brünstige Drohnen bevorzugt sammeln und auf die Jungköniginnen warten.
Drohnenschlacht: Abtreiben der Drohnen nach Beendigung des Vermehrungstriebes im Spätsommer, weil die Drohnen dann unnütze Fresser sind.
Drohnenvolk: Bienenvolk mit absichtlich viel produzierten Drohnen.
Duftstoffdrüse: Im Hinterleib der Biene befindliche Drüse zur Erzeugung des typischen stockeigenen Duftes.
Durchlenzung: Völkerführung nach der Auswinterung.

Eierstöcke (Ovarien): Bei der Königin voll entwikkelt, bei der Arbeitsbiene verkümmert.
Einbetteln: Volksfremde Bienen bemühen sich um Aufnahme in das neue Volk.
Einengen: Wegnahme der von Bienen nicht besetzten Waben.
Einfütterung → Auffütterung.
Einheitsglas: Das 1925 entwickelte einheitliche Honigglas (Glas – Deckel – Einlage – Gewährverschluß) des deutschen Imkerbundes mit noch heute bestem Qualitäts-Image.
Einknäueln: Eine Königin wird aus Abneigung von Bienen angefallen, die ein Knäuel bilden. Dabei wird die Königin meist beschädigt oder getötet.
Einschlagen: Durch einen kräftigen Schlag wird ein Schwarm aus einer Kiste in den Bienenkasten befördert.
Einweiseln → Beweiseln.
Einwinterung: Fertigmachen der Völker für den Winter.
Eistück: Kleines Stück Wabe mit Eiern, das für die Weiselprobe (→ Seite 31) oder für Zuchtzwecke benötigt wird.
Eiweißersatz: Bei Pollenmangel angebotenes Ersatzmittel, zum Beispiel Sojamehl, Hefe oder Magermilchpulver.
Entdeckeln: Entfernen der Wachsdeckel von den gefüllten Honigzellen.
Entweiselung: Entfernen der Königin aus dem Volk, zum Beispiel für Zuchtzwecke.
Entwicklung: Nach der Winterruhe einsetzende Brutphase, die mit der Sonnenwende ihren Höhepunkt erreicht.

Kleines Lexikon der Fachbegriffe

Entwicklungstracht: Natürliches Angebot von Nektar und Pollen im Frühjahr.

Fächeln: Schneller Flügelschlag der Bienen (Ventilieren) am Flugloch, der für Luftzirkulation sorgt.
Fegling: Kunstschwarm, → Seite 34.
Filzbinde: Dichte Behaarung auf den Hinterleibsringen der Biene. Bei der Carnica-Rasse besonders breit, weshalb die Biene grau wirkt (→ Seite 55).
Flugbiene: Die Bienen sind einer Arbeitsteilung unterworfen. Bis zum zwanzigsten Lebenstag verrichten sie als Stockbienen Arbeiten im Stock, von da an sammeln sie als Flug- oder Sammelbienen Nektar, Honigtau und Pollen (→ Seite 12).
Flugbrett: Landeplatz der Flugbienen vor dem Flugloch.
Flugloch: Ein- und Ausgang des Bienenkastens für die Bienen.
Flugrichtung: Himmelsrichtung, in die das Flugloch zeigt.
Futtergeräte → Seite 43.
Freßlack: Ameisengift.
Frühtrachtgebiet: Gebiet mit Nektarangebot von März bis etwa Juli.
Futterteig: Gemisch aus Puderzucker und Honig (Mischungsverhältnis 3:1); wird auch ohne Honig mit einem invertierenden Enzym als Weichmacher industriell hergestellt (→ Apifonda®).
Futterteigverschluß: Der Verschlußpfropfen des Zusetzkäfigs wird durch ein etwa taubeneigroßes Stück Futterteig ersetzt.
Futterverbrauch: Eigenbedarf des Volkes an Pollen und Nektar.

Gemüll: Kleine Wachsteilchen von den abgenagten Wachsdeckelchen der Brut- und Honigzellen auf dem Boden des Bienenstocks.
Geruchssinn: In den Fühlern (Antennen) der Biene befinden sich empfindliche Riechporen zur Wahrnehmung von Gerüchen.

Haarkleid: Die Biene ist fast am ganzen Körper pelzartig behaart. Beim Blütenbesuch bleiben in den Haaren Pollenkörner hängen (→ Ernährung und Blütenbestäubung, Seite 9).
Haupttracht: Die für den Imker am Standort des Volkes wichtigste Honigtracht.
Hinterbehandlungsbeuten: Bienenkästen, die von hinten zugänglich sind (→ Seite 20).
Hochzeitsflug: Begattungsflug.
Honig → Seite 36.
Honigbehandlung → Seite 40.
Honigblase → Seite 9.
Honigen: Abgabe von Nektar oder Honigtau der Bienenweidepflanzen (siehe dort).
Honigerntegeräte → Seite 39.
Honigraum: Durch ein Absperrgitter (siehe dort) vom Brutraum abgetrennter Raum, in dessen Waben die Bienen Honig einlagern.
Honigschleuderung → Seite 39.
Honigsorten → Seite 53.
Honigtau: Von bestimmten Lausarten produzierter Pflanzensaft.

Jahresfarben: Um die Königin leichter finden und ihre Herkunft und ihr Alter einfacher bestimmen zu können, werden ihr auf den Brustkorb Opalithplättchen in fünf verschiedenen Jahresfarben geklebt (→ Seite 33).

Kellerhaft: Kunstschwärme und Begattungskästchen werden zwei Tage lang in einen kühlen Raum (15 °C) gestellt, um die Bienen an die Königin zu gewöhnen.
Kittharz → Seite 54.
Kleinklima: Wärmehaushalt im Bienenkasten.
Königin → Seite 5; steuert durch Abgabe des Hormons Pheromon Vorgänge im Bienenvolk.
Königin-Ableger → Seite 30.
Königinfuttersaft (Gelée Royal): In den Kopfdrüsen der Ammenbienen (siehe dort) erzeugter Futtersaft zur Fütterung von Königinnenmaden.
Königinsubstanz (Pheromon): Ein von der Königin in den Mandibeldrüsen (→ Zeichnung Seite 7) erzeugtes Hormon, das Vorgänge im Bienenvolk steuert.
Krabbler: Flugunfähige Bienen; mögliche Ursachen: Akariose (→ Seite 57), Varroatose (→ Seite 57), Vergiftung. Bei gehäuftem Auftreten untersuchen lassen.
Kunstschwarm: Fegling; → Seite 34.

Lachniden: Baum- und Rindenläuse, die Honigtau produzieren.
Läppertracht: Natürliches Nahrungsangebot, das nur

den Eigenbedarf der Bienen deckt; Vorrat kann nicht angelegt werden.
Lecanien: Wachsschildläuse, die Honigtau produzieren.
Leichenfall: Im Winter absterbende Bienen, die an warmen Tagen von anderen Bienen aus dem Stock getragen werden.
Lochen der Rähmchen → Seite 24.
Lückenfütterung → Seite 40.
Luftfeuchtigkeit: Im Bienenkasten beträgt die relative Luftfeuchtigkeit etwa 60 Prozent. Zu hohe Luftfeuchtigkeit fördert Krankheiten und hemmt die Brutentwicklung, außerdem schimmeln im Winter die Waben. Gegenmaßnahme: Einengen des Volkes (siehe dort).

Made: Aus den von der Königin gelegten Eiern schlüpfen Maden, die sich verpuppen und zum fertigen Insekt heranwachsen (→ Seite 12).
Magazin(beute): Ein sich aus mehreren Zargen zusammensetzender Bienenkasten (→ Seite 16).
Medikamente: → Krankheiten und ihre Bekämpfung, Seite 57.
Mehlprobe → Seite 31.
Mittelwand: Aus Bienenwachs gefertigte dünne Wachsplatte mit vorgeprägten Arbeiterinnenzellen; wird von den Bienen beidseitig zur fertigen Wabe ausgebaut.

Nachschwarm: Teil des Bienenvolkes, der mit einer oder mehren unbegatteten Jungköniginnen aus dem Stock auszieht.
Nektar: Von den Nektardrüsen (Nektarien) in den Blüten abgesonderter süßer Saft, aus dem die Bienen Blütenhonig bereiten.

Opalith: Daraus bestehen die farbigen Plättchen, die für die Zeichnung der Königin verwendet werden.
Orientierungsflüge: Die Bienen fliegen sich auf den Standort des Bienenkastens ein.

Pflegevolk: Bienenvolk mit vielen Jungbienen ohne Königin, das zur Pflege von Weiselzellen und Heranzucht junger Königinnen eingesetzt wird.
Pheromon → Königinsubstanz.
Pollenanalyse: Untersuchung des Honigs auf darin enthaltene Pollenarten (Herkunftsbestimmung).
Pollenbrett: Wabe, die fast ausnahmslos mit Pollen gefüllt ist.
Pollenfalle (Pollenerntegerät): Gitter am Flugloch, durch das die Bienen krabbeln und dabei ihre Pollenhöschen abstreifen.
Propolis → Seite 54.

Rähmchen: Mit Draht stabilisierter Holzrahmen, in den die Mittelwand (siehe dort) eingelötet wird.
Rähmchenlocher: Handbetriebener Druckbolzen oder elektrisch betriebener Bohrer; wird benutzt zum Rähmchenlochen (→ Seite 24).
Rähmchenmaße: Die in Deutschland gebräuchlichsten Rähmchen(außen)maße sind: Deutsch-Normalmaß: 37,0 × 22,3 cm, Zandermaß: 42,0 × 22,0 cm.
Rähmchenohren: Das obere Rähmchenholz steht an jeder Seite 10 bis 20 mm über die Seitenleisten hinaus; diese Rähmchenohren dienen der Aufhängung in der Magazinbeute.
Räuberei: Meist durch Unachtsamkeit des Imkers ausgelöst. Bienen »stehlen« aus fremden Völkern Honig; oft kommt es zu Völkerverlusten.
Rankmaden: Raupen der Wachsmotte (siehe dort).
Rauch: Wird zur Besänftigung der Bienen geblasen.
Rauchgeräte: Pfeife, Smoker, Blasebalg, Ventilator (»Vulkan«).
Rauchmaterial: Tabak, vermodertes Holz, trockene Tannennadeln.
Reinigungsflug: Bienen koten nicht im Volk; im Winter sammeln sie Unverdauliches im Darm und fliegen bei 10 bis 12 °C zur Entleerung ins Freie.
Reizfütterung: Wenn kein natürliches Nahrungsangebot besteht, muß der Imker die Bienen füttern, damit sie das Brutgeschäft aufrechterhalten.
Rillrädchen: Messingrad mit gerillten »Zähnen«; wird beim Einlöten der Mittelwände in die gedrahteten Rähmchen benutzt.

Sammelbiene → Flugbiene.
Schleuderung des Honigs → Seite 39.
Schleuderraum: Bienendichter Arbeitsraum.
Schröpfen: Entnahme von Bienen oder Brutwaben zur Schwarmverhinderung.
Schwarm: Natürliche Volksteilung: Ein Teil der Bienen zieht aus dem Stock aus (→ Vorschwarm, → Nachschwarm).

Kleines Lexikon der Fachbegriffe

Schwarmstimmung: Kommt auf bei Platzmangel; Höhepunkt der aufsteigenden Entwicklungsphase (→ Seite 7 und 26).
Schwefelschnitte: Wird benutzt zur Abtötung kranker Völker.
Sehvermögen: Die Bienen können Farben unterscheiden; sie sind rotblind, nehmen aber Ultraviolett wahr. Entsprechende Anstriche der Beuten im Flugiochbereich erleichtern den Bienen die Orientierung.
Sojamehl: Pollenersatzmittel (Eiweiß).
Sonnenwachsschmelzer: Kasten mit Glasscheibe, in dem unter Ausnutzung von Sonnenstrahlen Wachs (Altwaben) eingeschmolzen wird.
Spättrachtgebiet: Gebiet mit überwiegender Waldtracht (Honigtauangebot von Juni bis August).
Sterzeln: Durch Flügelschlagen (Ventilieren) werden Duftstoffe aus der Duftstoffdrüse (siehe dort) vor dem Flugloch verbreitet (→ Seite 36).
Stifte: Eier.
Stille Umweiselung: Ein Volk ersetzt die alte Königin durch eine junge, ohne zu schwärmen.
Stock → Bienenkasten.
Stockbiene: Bis zu zwanzig Tage alte Biene, die im Stock anfallende Arbeiten verrichtet (→ Seite 5 und 12).
Stockgeruch: Alle Arbeiterinnen eines Volkes erzeugen in der Duftstoffdrüse (siehe dort) den gleichen, stockspezifischen Geruch.
Stockkarten: In die Stockkarten werden alle Vorgänge im und Arbeiten am Bienenvolk eingetragen.
Stockmeißel: Arbeitsgerät zum Lockern der Waben.
Stockwaage: Steht die Beute auf einer Stockwaage, kann die Gewichtszu- oder -abnahme des Bienenvolkes und damit die Beurteilung des Trachtangebots vorgenommen werden.
Streichholzprobe → Seite 59.

Tracht: Natürliche Nahrungsquellen für das Bienenvolk.
Tränke: Wasserstelle.

Überwinterung → Auswinterung.
Umhängen: Ein Volk oder einen Ableger auf Waben von einem Bienenkasten in einen anderen verbringen (Umlogieren).
Umschneiden: Zurechtschneiden der Waben auf ein anderes Rähmchenmaß.
Umstellen: Ein Bienenkasten mit Volk wird an einen anderen Platz gestellt.
Umweiseln: Austausch der Königin (→ Seite 35).

Ventilieren: Schnelles Flügelschlagen.
Verbrausen: Beim Transport von Bienenvölkern in Beuten kann Sauerstoffmangel entstehen und das Volk dadurch zugrunde gehen.
Verdeckeln: Die Bienen verschließen die mit reifem Honig gefüllten Wabenzellen zur Konservierung mit einem dünnen Wachsdeckel.
Vereinigen: Bildung eines starken Volkes aus zwei oder mehreren schwachen Völkern.
Verflüssigung von Honig: Vorsichtige Anwärmung von kristallisiertem Honig bei maximal 40 °C.
Verschulen: Weiselzellen werden einige Tage vor dem Schlüpfen in Schlüpfkäfige verbracht.
Vorschwarm: Teil des Volkes mit Altkönigin, der aus dem Stock auszieht.

Wabe: Wird gebildet aus sechseckigen Zellen (vier je Quadratzentimeter), die leicht nach oben zeigen.
Wabenalter: Hält man eine Wabe gegen die Sonne oder gegen eine helle Lampe, muß noch Licht hindurchfallen können. Andernfalls ist die Wabe zu alt und wird eingeschmolzen.
Wabendraht: 0,3 bis 0,4 mm starker Draht, der zum Stabilisieren der Rähmchen benutzt wird (→ Seite 24).
Wabengasse: Abstand von Wabe zu Wabe; beträgt normalerweise 10 mm.
Wabenheber: Arbeitsgerät für Oberbehandlungsbeuten.
Wabenzange: Arbeitsgerät für Hinterbehandlungsbeuten (→ Zeichnung Seite 21).
Wachs: Wird von den Arbeiterinnen in ihren Wachsdrüsen produziert, die am Bauch zwischen den Hinterleibssegmenten liegen.
Wachsmotte: Bienenschädling, der Waben zerstört.
Wächterbiene: Arbeiterin, die das Flugloch bewacht (→ Seite 5 und 12).
Waldtracht: Laub- und Nadelbäume, die Honigtau liefern.

Lexikon/Bücher die weiterhelfen

Weisel: Königin.
Weisellos: Königin fehlt.
Weiselprobe → Seite 31.
Weiselrichtig: Königin ist vorhanden.
Weiselzelle → Königinzelle, Seite 6.
Wildbau: Von Bienen errichteter Wabenbau ohne Mittelwand (siehe dort).
Winterbienen: Von August an schlüpfende Bienen, die überwintern.
Winterruhe: Die Bienen überwintern, indem sie sich zu einer Kugel (Wintertraube) zusammenziehen.
Wirtschaftsvolk: Bienenvolk, das zur Honigernte eingesetzt werden kann.

Zarge: Teil eines Magazins.
Zeichnen der Königin → Jahresfarben.
Zelle: Bienen bauen Waben mit sechseckigen Wachszellen in verschiedenen Größen, die der Brutaufzucht, der Honig- und Pollenlagerung dienen.
Zuchtstoff: Eier oder Larven von ausgewählten Völkern für die Heranzucht von leistungsfähigen Königinnen.
Zusetzen → Beweiseln.
Zusetzkäfig: Kleiner Käfig, in dem eine Jungkönigin einem Volk oder Ableger zugesetzt wird.
Zwischenboden: Trennschied mit Flugloch zwischen zwei Zargen.

Bücher, die weiterhelfen

Josef Bretschko: *Der Magazinimker*; Leopold Stocker Verlag, Graz.

Karl von Frisch: *Tanzsprache und Orientierung der Bienen*; Springer Verlag, Berlin.

Henrik Hansen, Wolfgang Ritter: *Brutkrankheiten der Honigbiene*; L. Launsø, Kopenhagen.

Edmund Herold: *Heilwerte aus dem Bienenvolk*; Ehrenwirth Verlag, München.

Herold/Pieterek: *Das kleine Imker-ABC*; Ehrenwirth Verlag, München.

Hohenheimer Betriebsweise; Gesellschaft der Freunde der Landesanstalt für Bienenkunde an der Universität Hohenheim.

Imkerliche Fachkunde; VEB Deutscher Landwirtschaftsverband, Berlin DDR.

Franz Lampeitel: *Bienen halten*; Ulmer Verlag, Stuttgart.

Lebensnotwendige Pflanzen für die Bienen; Bayerisches Staatsministerium für Ernährung, Landwirtschaft und Forsten.

Werner Melzer: *Apimondia-Kongreßband 1981*; Athen. *Apimondia-Kongreßband 1983*; Budapest. *DIB-Jubiläumsband 1980.*

Imker im Dienste der Umwelt, Heft 323 (1980); Auswertungs- und Informationsdienst für Ernährung, Landwirtschaft und Forsten (AID), Bonn.

Informations- und Schulungsmappe; Eigenverlag Deutscher Imkerbund, Bonn.

Jahrbuch für Waldfreunde 1985.

Natur und Umwelt, Heft 2/85: Zeitschrift für Ökologie und Umweltpolitik; Bund für Umwelt und Naturschutz, Bonn.

Schützt die Bienen, Heft 290 (1980); Auswertungs- und Informationsdienst für Ernährung, Landwirtschaft und Forsten (AID), Bonn.

Karl Pfefferle: *Unser Imkern mit dem Magazin;* Eigenverlag, Münstertal.

Karl Weiß: *Der Wochenendimker*; Ehrenwirth Verlag, München.

Adressen, die weiterhelfen

Apimondia – Internationaler Verband der Bienenzüchtervereinigungen, Pitar mos 20, Bukarest 1 – Rumänien
Deutscher Imkerbund e. V., Schollengasse 4a, 5307 Wachtberg-Villip 3
Österreichischer Imkerbund, Georg-Coch-Platz 3/11a, A-1010 Wien 1
Verein deutsch-schweizerischer Bienenfreunde, Seeblick, CH-6248 Gelfingen/Lu
Südtiroler Imkerbund, Jubiläumshof, I-39010 Vilpiam 1

Landesverbände in der Bundesrepublik Deutschland

Landesverband Badischer Imker e. V., Am Bildstock 16, 7768 Stockach
Landesverband Bayerischer Imker e. V., Georg-Strobel-Straße 48, 8500 Nürnberg 21
Imkerverband Berlin e. V., Krampnitzer Weg 20a, 1000 Berlin 22
Imkerverband Hamburg e. V., Husumer Straße 31, 2000 Hamburg 20
Landesverband Hannoverscher Imker e. V., Johannssenstraße 10 (Landwirtschaftskammer) 3000 Hannover 1
Landesverband Hessischer Imker e. V., Erlenstraße, 3575 Kirchhain 1
Imkerverband Nassau e. V., Birkenweg 7, 5238 Gehlert
Imkerverband Rheinhessen-Pfalz e. V., Lindenstraße 8, 6744 Kandel
Imkerverband Rheinland e. V., Im Bannen 38–55, Postfach 14 46, 5440 Mayen 1
Landesverband der Imker im Saarland e. V., Parkstraße 33, 6685 Schiffweiler 2 – Saar
Landesverband Schleswig-Holsteinischer und Hamburger Imker e. V., Hamburger Straße 109, 2360 Bad Segeberg
Landesverband der Imker Weser-Ems e. V., Mars-La-Tour-Straße 13, 2900 Oldenburg
Landesverband Westfälischer und Lippischer Imker e. V., Langewanneweg 75, 4700 Hamm

Dem DIB nicht angeschlossene Vereinigungen:

Bayerische Imker-Vereinigung e. V., Schwandorfer Straße 25, 8461 Schwarzhofen
Verband Bayerischer Bienenzüchter e. V., Flurstraße 16, 8260 Mühldorf

Bienenwissenschaftliche Institute

Institut für allgemeine Zoologie der Freien Universität Berlin, Königin-Luise-Straße 1–3, 1000 Berlin 33
Institut für Landwirtschaftliche Zoologie und Bienenkunde, Melbweg 42, 5300 Bonn 1
Biologische Bundesanstalt für Land- und Forstwirtschaft, Untersuchungsstelle für Bienenvergiftungen, Messeweg 11–12, 3300 Braunschweig
Niedersächsisches Landesinstitut für Bienenforschung und bienenwirtschaftliche Betriebslehre – Berufsimkerschule, Wehlstraße 4a, 3100 Celle
Bayerische Landesanstalt für Bienenzucht, Burgbergstraße 70, 8520 Erlangen
Tierhygienisches Institut Freiburg, Abteilung Bienenkunde, Moosweiher 2, 7800 Freiburg
Hessische Landesanstalt für Leistungsprüfungen in der Tierzucht, Neu-Ulrichstein, Abteilung für Bienenzucht, Erlenstraße 9, 3575 Kirchhain 1
Landesanstalt für Bienenzucht, Im Bannen 38–55, 5440 Mayen
Institut für Pflanzenschutz, Saatgutuntersuchung und Bienenkunde für Landwirtschaftskammer Westfalen-Lippe, Kanalstraße 240, 4400 Münster
Institut für Bienenkunde (Polytechnische Gesellschaft), Fachbereich Biologie der J. W. Goethe-Universität Frankfurt a. M., Karl-von-Frisch-Weg 2, 6370 Oberursel 1
Bienenabteilung der Fachrichtung Zoologie der Universität des Saarlandes, 6600 Saarbrücken 15
Landesanstalt für Bienenkunde der Universität Hohenheim, August-von-Hartmann-Straße 13, 7000 Stuttgart 70
Schleswig-Holsteinische Imkerschule, Hamburger Straße 109, 2360 Bad Segeberg

Sachregister

Die **halbfett** gesetzten Seitenzahlen verweisen auf Farbfotos. U = Umschlagseite.

Sachregister

Sachregister

Kurz vor der Schleuderung: Entdeckelte Waben auf dem Wabenkarussell – wie es in größeren Imkereien benutzt wird – mit Auffangeimern für den Tropfhonig. ▷